3分でわかる ロジカル・シンキングの基本

THREE MINUTES LOGICAL THINKING

大石哲之
OISHI TETSUYUKI

日本実業出版社

3分で読める「はじめに」

この本は、世の中に存在するロジカル・シンキングのノウハウを、ギュッと1冊に凝縮したものです。これ1冊で、いろいろなロジカル・シンキングのエッセンスや考え方を効率よく理解することができます。

ただ、「ロジカル・シンキング」と一口に言っても、現在、世の中に出回っているものとそれにまつわるノウハウは、実に多岐にわたっています。

狭い意味でのロジカル・シンキングである論理学的な話から始まって、論理的な考え方や文章の書き方、情報やデータの分析や検証の仕方、問題の本質の捉え方や解決法、さらに守備範囲を広げると、わかりやすい資料のつくり方やプレゼンテーションの仕方、アイデアをたくさん出す思考法から、効率的かつ生産的な会議の進め方、地頭力を鍛える方法やフェルミ推定などなど……。

これらの手法それぞれについて、専門書を1冊1冊読んでいくのはたいへんですし、読んだところで頭の中に残るものは、かなりシンプルなエッセンス部分だけだったりします。

そこで、もっと効率的にロジカル・シンキングのポイントを押さえてもらうことを目的にこの本を書きました。

『3分でわかるロジカル・シンキングの基本』というタイトルどおり、ロジカル・シンキングのエッセンスをコンパクトにまとめ、**1項目だいたい3分でわかるようにしてあります**。

さらに、それぞれの手法の解説では、私のコンサルタントとしての経験から、日常のビジネスシーンで応用するとどうなるか、という具体的な話も多く盛り込みました。

もはやロジカル・シンキングは、経営者やコンサルタント、外資系企業といった敷居の高そうなビジネスの現場だけのものではありません。一般のビジネスパーソンにとっても、仕事で成果を出すために必須のスキルになっています。

しかも、その**「型」＝フレームワーク**さえ知ってしまえば、誰でも簡単に仕事の基礎力をレベルアップできるうえに、職場や日々の生活にすぐに応用することができます。

本書の構成は、次のようになっています。

Part1 論理的に「考える」コツでは、正しい因果関係の捉え方・論理の基礎を始め、ピラミッド・ストラクチャー、仮説思考などの「ロジカル・シンキングの基礎ツール」を解説します。

Part2 論理的に「伝える」コツでは、主張と証拠をセットで述べるCRFの原則やPREP法とSDS法といったプレゼン手法の違い、効果的な資料やチャートのつくり方など「説得力を生み出す法則」をお教えします。

Part3 論理力を「鍛える」コツでは、ゼロ・ベース思考やイシュー・ツリー、問題解決のフレームワークなどの「思考の次元を上げる仕組み」を取り上げます。

Part4 論理思考を「実践する」コツでは、論理思考を具現化するマトリクスのつくり方、論理的な目標設定法と超並列会議、地頭力とフェルミ推定などの「実践的なツール」を紹介します。

どの章の、どの項目から読んでいただいても理解できるようになっています。そして、これらのフレームワーク＝「型」を意識するだけで、誰でも簡単に次のようなことが実現できるはずです。

◎上司に企画のポイントを伝え、採用される
◎若い部下に的確な指示を出し、プロジェクトを円滑に進める
◎短時間の会議で多くの人の同意を得られる
◎最短で問題を見つけ、解決し、最高の結果を得る

ロジカル・シンキングは、決して難しいものではありません。誰にでも使いこなせるビジネスパーソンにとっての「武器」なのです。本書をきっかけに、ロジカル・シンキングのコツをつかんでもらい、あなたの仕事力のレベルアップに貢献できれば、著者としては嬉しい限りです。

２００８年６月

大石哲之

Contents

3分でわかるロジカル・シンキングの基本

3分で読める「はじめに」

Part 1

論理的に「考える」コツ

think 1 「暗黙のルール」に気をつけろ……014
◉狭い世界の「常識」が誤解を招く ◉相手の「常識」を考える

think 2 正しい因果関係は「およそ」で考える……019
◉風が吹いても桶屋は儲からない ◉ビジネスだとすぐにミスが起こる
◉「トンデモ理論」はなぜ生まれる？

think 3 「論理のブラックボックス」を暴く……024
◉どうして炭酸飲料が体に悪いのか ◉頭とおしりだけでは納得できない

think ❹ 「逆」「裏」「対偶」の見分け方 …… 028
◉逆の論理は正しい？ ◉必ず成り立つ「対偶」の原則
◉「裏」の論理は成り立たない

think ❺ 帰納法は「理科の実験」 …… 034
◉実験を積み上げて結論を出す ◉納得できる結論か

think ❻ あたかも正しいかのような話の「偽装」を見破る方法 …… 037
◉類似の点をまとめていない ◉観察事項そのものがおかしい
◉不適切なサンプリング

think ❼ 3分でわかる演繹法・帰納法・弁証法 …… 042
◉落とし穴の多い演繹法 ◉複数の事実から展開する帰納法
◉対立から本質を生み出す弁証法

think ❽ 究極の説得ツール「ピラミッド・ストラクチャー」 …… 047
◉アリバイ、凶器、DNAで主張する ◉ひとつの主張に3つの視点

think ❾ 仮説思考で最初に犯人を決めてしまえ …… 055
◉仮説思考は「刑事コロンボ」 ◉仮説は間違っていていい
◉仮説に固執するな

think ⑩ 調査と分析は「クイック&ダーティー」に …… 061
◉見当さえつけば合格 ◉「90まで」と「90から95」までは同じ労力
◉調査分析は必ず仮説とセットで行う

Part 2 論理的に「伝える」コツ

think ❶ 説得力が増す「CRFの原則」 …… 070
◉CRFの理由は3つまで ◉「思い込み」と思われないために
◉CRFプレゼンは事前準備がすべて

think ❷ 絶対に避けたい「白紙の結論」 …… 075
◉「問題を解決すべき」は結論ではない ◉コンサルタントの結論の出し方

think ❸ 「事実」と「意見」は分ける …… 079
◉データと解釈の違い ◉思い込みか事実かを判断する

think ❹ 相手につっこませない「ファクト」の裏づけ …… 084
◉定量データを使う ◉一次情報に当たる
◉中立的な視点、第三者の評価を使う

think 5 ビジネス向きの「PREP法」最後まで惹きつける「SDS法」……089
◉PREP法はいきなり結論　◉SDS法は「予告編」付き
◉状況・相手によって使い分ける
think 6 相手の聞く気をなくす「起承転結」話法……094
◉論理思考に「物語」はいらない　◉冒頭に「犯人明かし」をする
think 7 コンサルタントのプレゼンは論理構成そのもの……097
◉シンプルな論理が強い　◉成否はつくる前に決まる
think 8 「ワンスライド・ワンメッセージ」の流れで納得させる力……101
◉サービス精神はいらない　◉つくり替え・組み替えが容易
think 9 ポイントが一目でわかるチャートのつくり方……106
◉数字にメッセージを込める　◉グラフ化で見える化
◉パーセンテージの魔力
think 10 コンサルタントが使うキラー・チャート公開……111
◉主張に合わせてチャートを変える　◉コンサルだけが使う階段型チャート

Part 3

論理力を「鍛える」コツ

think ❶ 30秒以内に伝えるエレベーターピッチ …… 118

◉シリコンバレーが発祥　◉エレベーターピッチはＮＨＫのど自慢

◉論理思考のダッシュ練習

think ❷ いつ、どんなときも「理由は3つあります」…… 123

◉「３」のときだけ納得する　◉強制的に理由を整理する

◉無茶な〝振り〟にも、とりあえず「３つあります」

think ❸ 画期的アイデアを生み出すゼロベース思考 …… 127

◉1件何百万円もかかる申告　◉なぜ、山頂を目の前に遭難するのか

◉革新的ビジネスモデルはゼロベースから生まれる

◉「カットだけなら10分」という発想

think ❹ 発想の限界を超える AS is TO be 思考 …… 133

◉理想側から現実とのギャップを埋める　◉As is To be で描く未来予想図

think 5 問題解決を阻む3つのワナ……139
◉オウム返し上司の解決策　◉思いつきだけでは手詰まりに
◉全部やる、わけがない
think 6 問題の本質を深掘りする方法……142
◉1枚1枚脱がしていく　◉根本的な問題を探る
◉空室の原因はITシステム
think 7 問題解決の木「イシュー・ツリー」の育て方……148
◉大きな問題を細分化していく　◉仮説でできる枝葉
think 8 「なぜなぜ坊や」が問題を解決する……151
◉4ステップで解決　◉一番簡単なのは費用×効果×期間
think 9 MECEでモレとダブりを防ぐ……154
◉「20代、OL、女性」はマズい　◉モレを認識する
◉MECEは基礎ツール
think 10 MECEで考える実践マーケティング戦略……159
◉分けて優先順位をつける　◉意味のある切り口が大事

Part 4

論理思考を「実践する」コツ

think ❶ 論理思考を強化するパワポの秘密 …… 166
◉思い切った編集ができる ◉強制的に図表やデータが入る

think ❷ 箇条書きは使わない！ ボックスの活用 …… 170
◉生産性が高まるパワポ思考 ◉思考整理＝プレゼン完成

think ❸ オリジナル・マトリクスで物事を整理する …… 177
◉縦軸と横軸がポイント ◉「犬派・猫派」では意味がない

think ❹ アンゾフの成長マトリクスで会社の未来が見える …… 182
◉4つのマスのどこに入るか ◉富士フイルムは「フィルムカメラ→化粧品」

think ❺ 論理思考で成果を上げるアンケートのつくり方 …… 187
◉「事前」と「事後」を比べる ◉アンケート結果を「見える化」する

think ❻ まわりのパフォーマンスも上げるSMART目標設定法 …… 192
◉あいまいさを消すSMART ◉達成可能な目標を設定する

think 7 「超並列会議」で効率を数百%上げる……196
◉どこまで決めるかを決める　◉会議が終わると結論が出ている
◉議事録・成果物・承認を同時に

think 8 外資系が重視する「地頭力」の秘密……203
◉「答えのない問題」に答える　◉大事なのは答えよりアプローチ
◉地頭力のベースは論理思考力

think 9 フェルミ推定で未知の数字を算出する……208
◉シカゴにいるピアノ調律師の数の算出法　◉妥当な仮定で未知の数字を推計

think 10 フェルミ推定がうまくなる4つのコツ……215
◉自分で問題をつくろう　◉グーグルがあればフェルミ推定はいらない？

カバーデザイン◎井上新八
本文DTP◎ムーブ（川野有佐）

Part 1

論理的に「考える」コツ

think

think 1

「暗黙のルール」に気をつけろ

自分は理路整然と話しているつもりでも、相手に「なぜそうなるの？」とか、「結局どういうこと？」と言われた経験はないでしょうか？

そういう時には、「**暗黙のルール**」が共有できていないことが多いのです。

「AだからBである」という基本的な論理のつながりを考えてみてください。

「黒い雲が出てきたから雨が降りそうだ」という例で考えてみます。

「黒い雲」と「雨」という2つの事柄は、多くの人の頭のなかで常識的に結びついています。これを一般常識や一般論といいます。誰もが経験的に知っていて、誰もが同じことを考えるルールです。

黒い雲と雨との関係が一般的に結びついているからこそ、何の説明もなく「黒い雲だから雨だよ」と言っても、聞き手もうなずいてくれるのです。

このように、「AだからB」というコミュニケーションが成り立つためには、話し手と聞き手の間で共通となる一般論を持っている必要があります。

◉狭い世界の「常識」が誤解を招く

では、こういう例はどうでしょうか?

「朝に霧が出ていたから、今日は晴れるだろう」

多くの人は、「え? そうなの?」と思ったに違いありません。これは「朝霧は晴れ」という言い伝えで、山登りが好きな人であれば一般的になっている天気予報の法則です。

山好き同士の会話なら「朝は霧だったね」と言えば会話は通じるかもしれません。しかし登山に縁がない普通の人にとっては、「朝は霧だったから晴れるね」と言われてもまったく筋が通っていないのです。むしろ、「霧が出たら天気は悪くなるのでは?」というように、正反対のことを推測するかもしれません。

「朝霧は晴れ」のカラクリは、実際はこのように説明できます。

「春、高気圧に覆われている気圧配置だと夜は相対的に冷え込み、朝になると霧が発生することが多い。だから、朝霧の日は晴れることが多い」

ここまで聞けば、「なるほど」と思えます。

このような山好きと一般人との間の噛み合わない会話のような例が、ビジネスの現場では多く発生しています。

自分の周りのごく狭い「常識」だけを一般論として、相手に論理を展開してしまう。または、自分たちの会社や業界でしか共有されていない特殊な一般論を、相手に理解してもらわないまま、論理展開のなかで使ってしまう。これがお互いのコミュニケーションが噛み合わない理由の多くを占めています。

◉相手の「常識」を考える

たとえば、「円高」です。

円高というと、何を考えるでしょうか。外国のモノが安く買える？ 輸入ブランド品が安くなる？ 何となく景気にも良さそうです。外国からモノを仕入れて売っているような商売にとっては、円高になると景気が良くなるかもしれません。

立場によって受け取り方が違う例

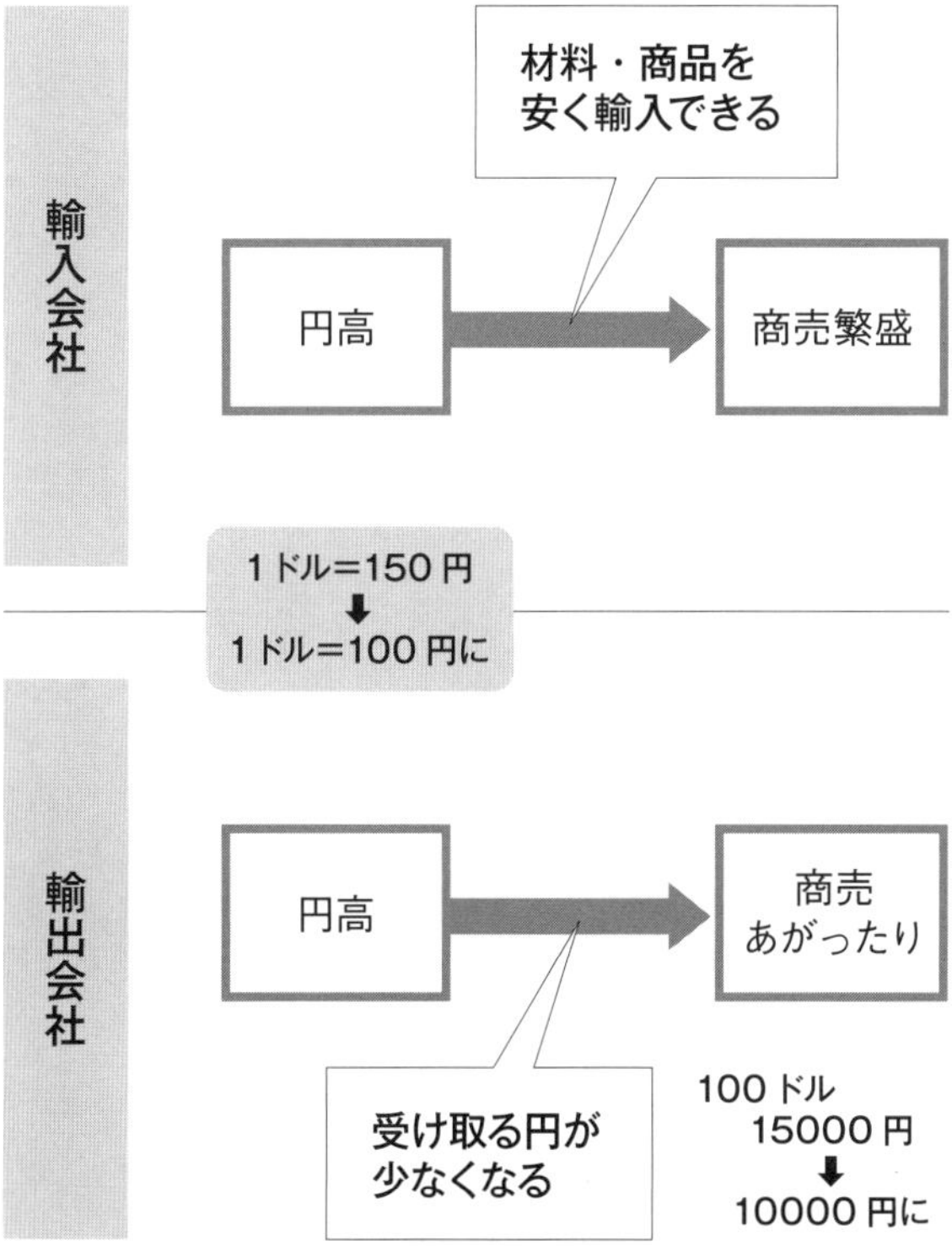

逆に、外国にモノを売っている商売にとってはどうでしょうか。

たとえば、1ドル150円が1ドル100円の円高になったとします。

そうなると、同じ100ドルで売れたとしても、日本円に換算した売上は5000円も少なくなってしまいます。つまり、円高では輸出企業の業績は悪くなります。日本を代表する大企業の多くが自動車や機械などの製造業で、外国に輸出をして稼いでいます。彼らの業績が悪化すれば、日本全体の経済にとっては悪影響です。

ですから、「円高になると、景気が悪くなる」というのは、経済では暗黙のルールなのです。

経済の暗黙のルールを使って、円高は不景気になる話をしても、経済の常識がない相手にはわかってもらえません。自分のなかでは常識でも、**会社や業界が違い、立場も違う人にとっては、論理がつながらないこともあります**。

暗黙のルールと思われていることについても、しっかりと説明をしてあげる必要があるのです。

どういう暗黙のルールに基づいて論理を展開しているのかを自分で意識する。相手にとって常識ではないなと思ったら、その部分を意識して丁寧に説明する。それだけで論理がつながり、グッとわかりやすいコミュニケーションになるはずです。

think 2

正しい因果関係は「およそ」で考える

「風が吹けば桶屋《おけや》が儲かる」という話を聞いたことがありませんか？

代表的な屁理屈と呼ばれるものです。

風が吹いたからといって桶屋が儲かるということは現実にはありえない話ですが、注意しないとこのような論理を使ってしまうことはよくあるのです。

◉風が吹いても桶屋は儲からない

「風が吹けば桶屋が儲かる」の論理について、もう少し詳しく見てみましょう。

まず、風が吹きます。風が吹くと、砂が舞って、それが目に入って失明する人が増えます。目の不自由な人は三味線を買います（昔、三味線は主に目の不自由な人の楽器でした）。三味線には猫の皮が使われているので、猫が減ります。すると、天敵の減ったネズミが増えて、桶をかじるようになる。だから桶屋が儲かるというのです。

たしかに、話としてはつながっていますが、本当にそんなことが起こるのでしょうか？

「砂が舞って、目に入って失明する」というところだけでも、失明する人もいたかもしれませんが、多くの場合は失明には至らないわけです。「砂が舞って失明」には確かに関係はあります。つながり自体はあります。しかし、その結果が起こる可能性が極めて少なければ、たまたま起こったことと言わざるを得ません。

関係があるというのと、それが起こる確率というのは別のものなのです。

確率を無視して一般化してしまうと、屁理屈とか、トンデモ理論になってしまいます。

原因と結果を結びつけて考える時には、たまたまそういうことがあった、というだけでは不十分です。「およその場合でそうなる」というくらい確率が高くなければ、おかしな論理になってしまうことが多いのです。

およその場合そうなることは、一般常識・一般論として知られるようになります。

演繹法の論理が「一般常識」を糊《のり》にしてつながっているというのは、このような点からも理解できます。

「風が吹くと桶屋が儲かる」の論理

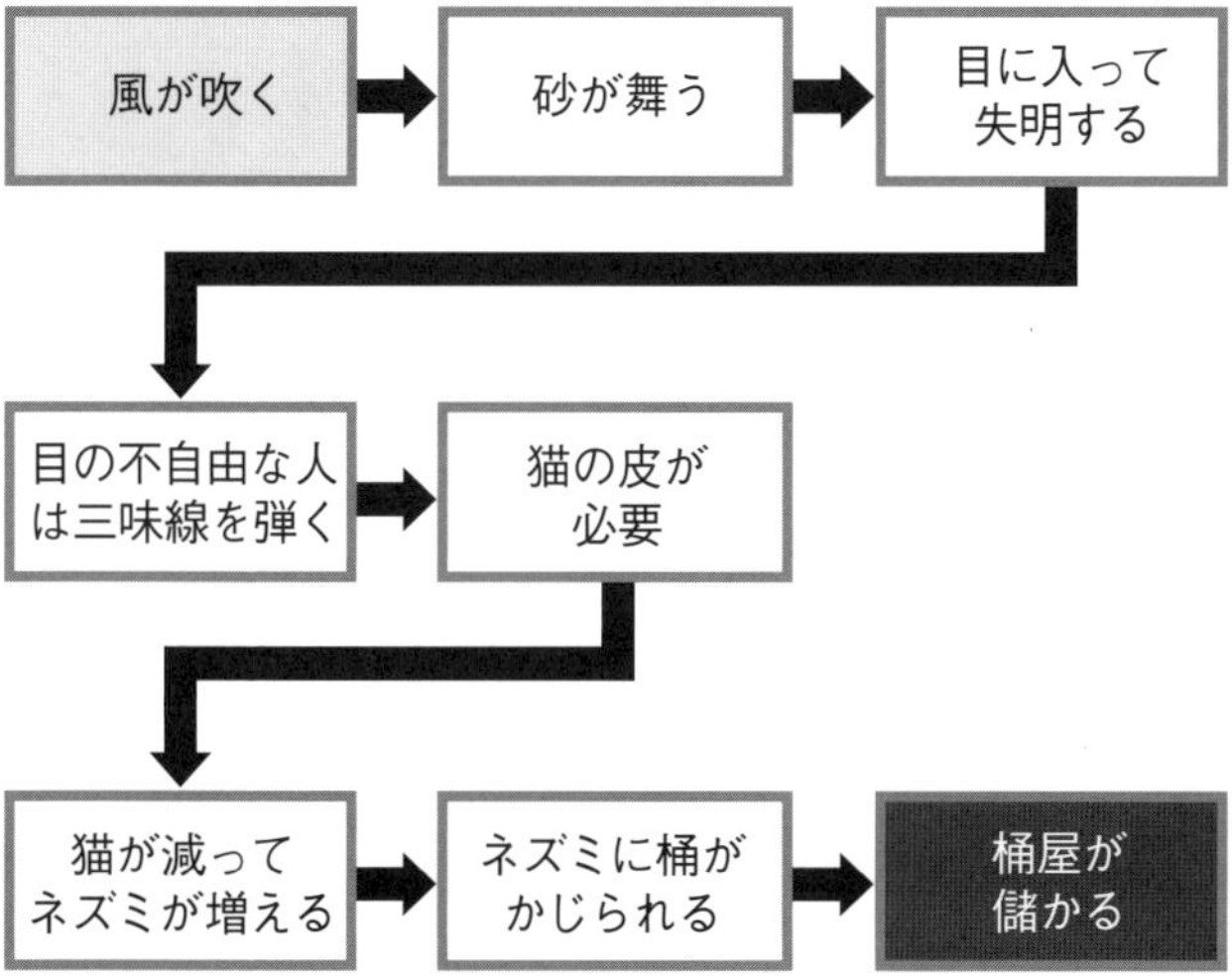

◉ビジネスだとすぐにミスが起こる

桶屋の話はわかりやすい例ですが、これがビジネスの問題になると、因果関係の薄いものを平気で結びつけて論理展開をしてしまいがちです。必ずしもそうとはいえない関係を、必ずそうなるはずと思い込んで展開してしまうと、出てくる結論は桶屋の話と同じくトンデモないものになってしまいます。

たとえば、営業力の話をするとします。

会社が伸びるうえで営業力は確かに重要です。多くの成長企業はしっかりとした営業力を持っています。だからといって「成長企業は営業が強い」→「営業力を強化して（わが社も）成長する」という論理を展開したらどうでしょうか。

桶屋の論理と一緒になってしまいますよね。

成長の要因には製品の性能もあれば、マーケティングも関係していて、営業力だけが成長の要因ではないからです。ビジネスの問題は複雑ですから、十分気をつけて論理を展開しないと、たまたまヒットした、たまたま成功したことを、因果関係が十分あるものと勘違いしてしまうことがよく起こります。

◉「トンデモ理論」はなぜ生まれる？

ビジネスの場合は、物理や化学と違って１００％そうなる、というようなことはないかもしれません。ただし、みんなが納得いくような内容でなくてはいけないのは確かです。そこで、データを使って分析した結果を示すなど、客観的な視点で因果関係を検証する必要も出てくるはずです。

また、いくら妥当な因果関係であっても、桶屋の論理のように、何段にもわたって数珠繋ぎ《じゅずつな》ぎを行うと、どこかでおかしなことが起こるものです。

論理の構成は3、4段繋ぎが限界と思ったほうがいいでしょう。それ以上になったら危険です。5段、6段、7段、10段ともなると、とんでもない結論を導き出してしまう可能性も高くなります。

とくに個人の経験則や成功体験だけを論拠にした場合は、まったくのトンデモ経営理論になることがあるのです。

think 3

「論理のブラックボックス」を暴く

「炭酸飲料は体に悪いよ」と言われたことはありませんか。

何となく言いたいことはわかるものの、どうも納得できないと思うのではないでしょうか。これが、「話が飛んでしまっている」ということなのです。

話している人の頭のなかでは、炭酸飲料が体に悪いという論理のつながりがあるのですが、その途中のプロセスを言わずに、頭とおしりだけを伝えると、「間が飛んでいる」ように聞こえます。

「炭酸飲料」という言葉を入れて「体に悪い」が出てくるような、ブラックボックスのようになってしまっているのです。

このブラックボックスのなかでどのような考えをしているのかを、しっかり意識して伝えないといけません。

◉どうして炭酸飲料が体に悪いのか

実際に話し手の頭のなかでは、このような論理になっています。

「炭酸飲料ばかり飲む」↓
「炭酸飲料には大量の糖分が含まれている」↓*
「大量の糖分をとり続けると糖尿病になる」↓*
「体に多大な害」

＊の部分がブラックボックス化していた論理です。

さらに、このブラックボックス部分の論理にも欠点がありそうです。前述した「暗黙のルール」「必ずしもそうとは言えない」の２つのミスを犯してしまっているからです。

「炭酸飲料には大量の糖分が含まれている」というのは、話し手の頭の中では常識のようですが、最近は糖分ゼロで甘さは同じといった炭酸飲料も開発されています。炭酸飲料＝糖分というのは、ステレオタイプと捉えられることもあるのではないでし

「炭酸飲料は体に悪い」のブラックボックスのカラクリ

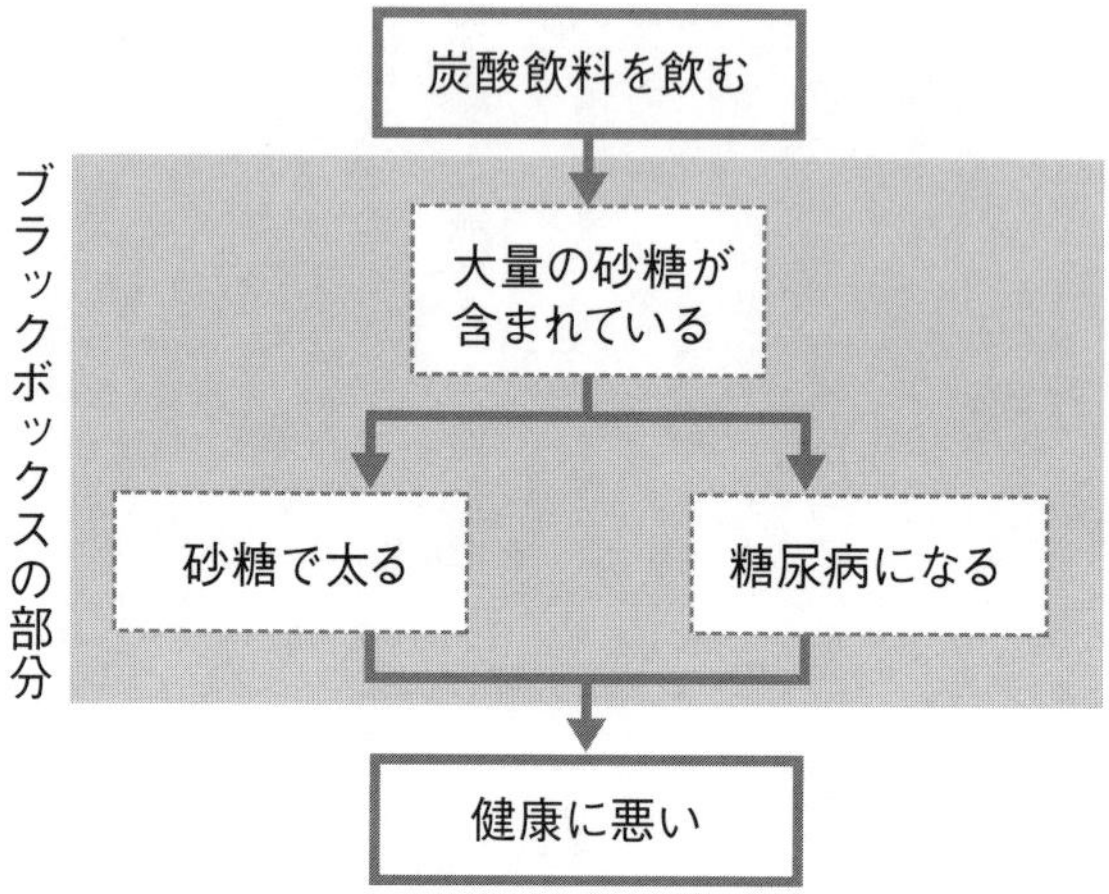

論理が弱いところ	論理が弱いわけ	ポイント
砂糖で太る	最近はノーシュガーもある。 炭酸飲料＝砂糖はステレオタイプ	暗黙のルールが共有されていない
糖尿病になる	炭酸飲料だけですぐに糖尿病にはならない。 糖分摂取量は食生活全体で決まる	必ずしもそうとは言えない

ようか？

これが1つめのミスである「**暗黙のルールが共有されていない**」ということです。

◉頭とおしりだけでは納得できない

次は「糖尿病になる」です。たしかに糖分を大量にとり続けることは糖尿病の原因にはなりますが、それだけで糖尿病になるとは断定できません。また、糖の量というのは食事全体で決まるもので、飲み物でとる糖分は一部です。ここで「**必ずしもそうとは言えない**」という2つめのミスが起きています。

このように、詳細に検討すると論理的に2つのつっこみどころがあるにもかかわらず、ブラックボックス化して頭とおしりだけを話してしまっているのですから、納得感がないのは当たり前です。

相手から「話が飛んでいる」と言われたら、どこがブラックボックスになっているか、注意して考えてみてください。

think 4

「逆」「裏」「対偶」の見分け方

演繹法は論理ミスが発生しやすいため、論理のチェックは欠かせません。ここでは陥りやすいミスを紹介しましょう。

◉逆の論理は正しい？

「AならばB」という文章があって、これが正しいとします。たとえば「新幹線には特急券が必要」としましょう。これは常に正しいという前提で、次の言い換えは正しいでしょうか。

「特急券が必要なのは新幹線である」

これは、主部と述部を入れ替えたものです。「B↓A」という論理です。

論理学の用語では、これを「**逆の論理**」とよんでいます。

「逆」は一見すると正しいように見えます。しかしよく考えてみてください。これは正しくありません。「必ずしもそうではない」場合があるからです。新幹線以外の特急に乗るにも特急券が必要ではないでしょうか？

「特急券が必要なのは特急あずさである」といった例外があります。「逆」の論理は正しくなりません。

正しい因果関係のところで説明した、営業力の話を覚えているでしょうか？

「成長した企業は営業力が強い」という話を持ち出して「営業力を強くすれば成長する」と結論づけてしまいます。

これはまさに「逆」を真実としてしまった例です。

「逆」は、簡単にミスをしてしまう要注意の論理です。

「逆は真ではない」を理解していないと、間違った推論をしてしまうことがあります。また、間違った推論を正しいものと誤解してしまうことがあります。

逆の論理

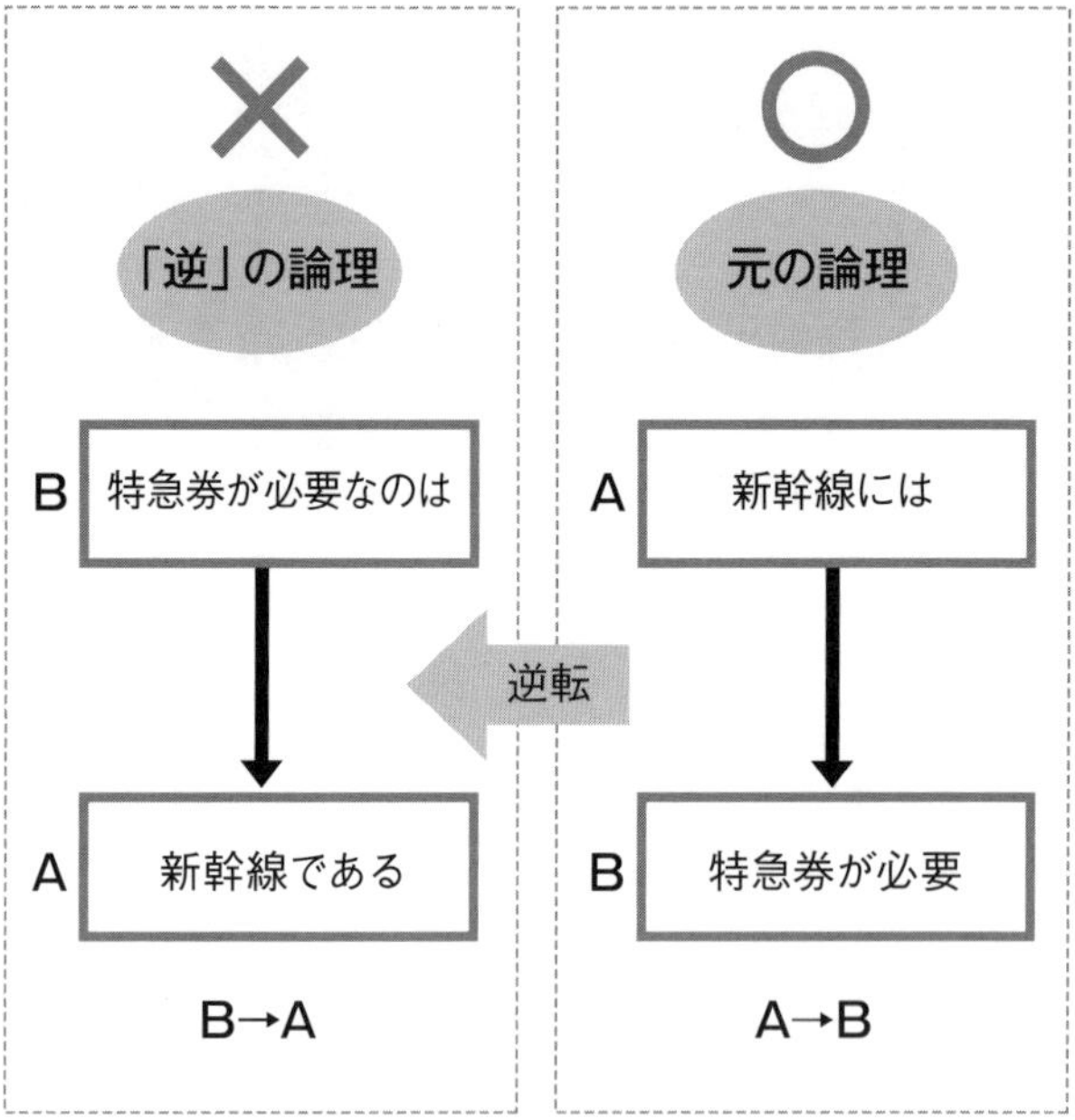

B→Aは成り立たない
「特急あずさ号にも特急券は必要」

◉必ず成り立つ「対偶」の原則

「逆の論理」は正しくならないということを学びました。もうひとつ覚えておいてほしいのは、「**対偶**《たいぐう》**の論理**」です。対偶の論理は、必ず成り立つ非常に有効なルールです。

「A→B」という論理があります。先の例は「新幹線には特急券が必要」というものでした。これの「対偶の論理」を考えてみます。

対偶は、「特急券が必要でなければ、新幹線ではない」です。これは必ず成り立ちます。新幹線に乗るには特急券が必要なのだから、特急券が必要でない列車は、すなわち新幹線ではあり得ないことになり、成り立ちます。

営業力の話ではどうでしょうか？

「成長した企業は営業力が強い」というのが成り立つとします（「強い」というのは言いすぎなので、「一定の営業力がある」程度にしたほうがいいかもしれません。ここでは論理の訓練の話なので、「成長した企業は営業力が強い」は正しいということを前提にします）。

すると、対偶はどのようになるでしょうか？

「営業力が強くない企業は、成長しない」ということになります。「成長した企業は営業力が強い」という話が真実ならば、対偶であるこれも正しいという結論になります。これが対偶の論理です。

◉「裏」の論理は成り立たない

実は「**裏**」という論理もあります。

「新幹線でなければ特急券は必要ない」というものです。

これは、「A→B」をそのまま否定したもので、「Aの否定→Bの否定」という論理です。**これも成り立ちません。**新幹線でなくても、あずさ号ならば特急券は必要になるからです。

「逆」「裏」「対偶」と3つの論理を学びました。このうち成り立つのは「対偶」だけです。「逆」と「裏」は成り立ちません。

これを見抜けるようになると、論理思考力をもう一段階レベルアップさせることができます。

対偶・裏の論理

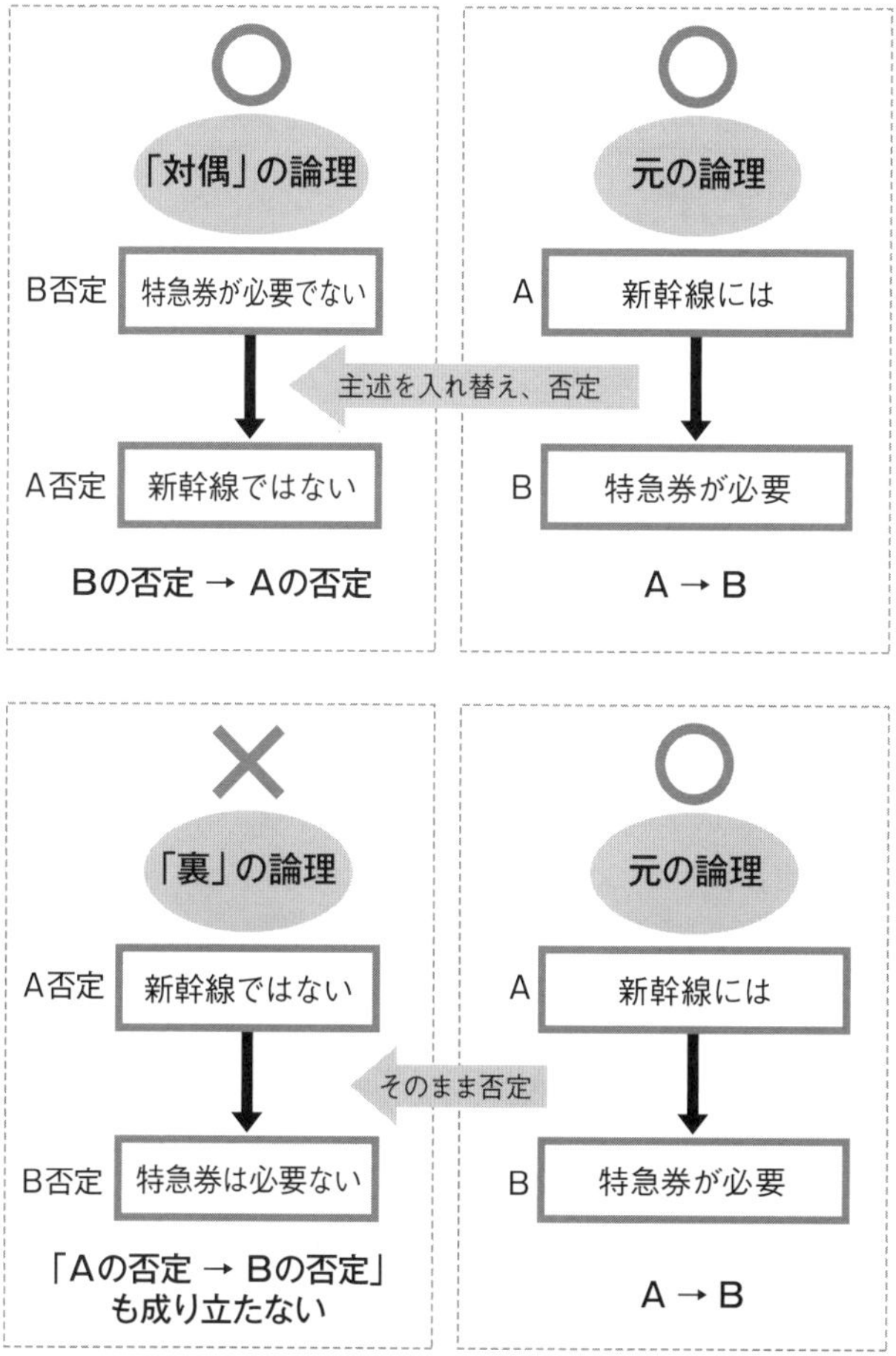

○
「対偶」の論理
B否定
特急券が必要でない
A否定
新幹線ではない
Bの否定 → Aの否定
主述を入れ替え、否定
○
元の論理
A
新幹線には
B
特急券が必要
A → B
×
「裏」の論理
A否定
新幹線ではない
B否定
特急券は必要ない
「Aの否定 → Bの否定」
も成り立たない
そのまま否定
○
元の論理
A
新幹線には
B
特急券が必要
A → B

think 5

帰納法は「理科の実験」

帰納法というのは、観察事項から類似の点をまとめ上げたものを結論とする論理です（42ページ）。

たとえば、

「A社は売上が落ちている」
「A社の従業員が多くやめている」
「A社の支払いの先延ばしがあった」

といった個々の観察事項があったとします。観察事項同士に関連がある必要はありません。

この3つの観察事項に共通するのは「経営難から生じたもの」です。このことから

「A社は経営難に陥っている」という結論を引き出します。これが帰納法です。

◉実験を積み上げて結論を出す

演繹法が数学のように「○○だから○○だから○○」と論理を数珠繋ぎに展開するのに対して、帰納法は「理科の実験」のように個々の実験を積み上げて、全体を明らかにするというイメージです。

もうひとつ例をあげます。

「B社のカメラは10年もった」
「B社のテレビも冷蔵庫も10年もった」

ということから「B社の製品は長持ちする」といった具合になります。

帰納法は、あくまで統計的な視点で物事を捉えているため、例外が出てくる場合があります。B社のDVDプレーヤーは、あっという間に壊れてしまったということも起こり得ます。

ただし、ビジネスにおいては科学実験と異なり、100％の正確性は求められません。結局は納得性が重要になってきます。

B社のおよその製品が長持ちするなら、多少の例外があっても、「B社製品は押しなべて長持ちする」という結論は納得できるレベルのものになるでしょう。

◉納得できる結論か

帰納法のポイントは、どのような結論を引き出せば納得感が得られるか、という点にあります。そのためには**「観察事項から類似して言えることをまとめ上げる」**という原則をしっかり頭に入れることです。

類似して言える以上の大きなことを結論としてしまうと、納得感に欠けるものとなってしまいます。

先の経営難の話では「A社は倒産するはずだ」とか、製品の話では「B社の品質はナンバーワンだ」というのは、類似して言える範囲を超えていて、納得感が得られないものになってしまいます。

think 6

あたかも正しいかのような話の「偽装」を見破る方法

帰納法を使ううえでも、いくつか間違いやすいポイントがあります。代表的な３つのワナを解説します。

これらを押さえておけば、普段、何気なく信用してしまっている、「あたかも正しいかのような話」にだまされることがグッと少なくなるでしょう。

◉類似の点をまとめていない

帰納法の有名な間違い例として、このようなものがあります。

「ワインには水（水分）が入っている」

「ビールにも水が入っている」

「焼酎にも水が入っている」
「ウイスキーにも水が入っている」
だから、「水（水分）を飲むと、酔っ払う」

これは明らかにおかしな結論になっています。

どこがおかしいかわかりますか？

帰納法では、「観察事項から、類似の点をまとめ上げたもの」が結論となります。

この場合の結論としている「酔っ払う」という点は、類似の点をまとめ上げたものになっていません。

観察事項のどこにも酔っ払うという話がないのに、なぜか結論では酔っ払う話が出てきます。

話から何となく想像できること（酔っ払う）をあいまいなまま関連づけてしまっており、典型的な論理のすり替えのパターンになっています。

もし、この観察事項から、類似の点を拾うとすれば、「水が入っている」という部分です。ワインやビールや焼酎はいずれもアルコール飲料ですから、無理やり結論をつくるとすれば「アルコール飲料は水が含まれている」となるでしょう。

◉観察事項そのものがおかしい

もうひとつ論理がおかしい例をあげます。

「O型の山本くんは楽天的だ」
「O型の鈴木くんは楽天的だ」
「O型の加藤君は楽天的だ」という話から、
「O型は楽天的」という結論を引き出します。

血液型占いは科学的に根拠がないことがわかっていますので、これはオカルト的な誰もが納得できる結論ではありません。

この場合は、**そもそも観察事項自体にあいまいさがあった**ため、類似の点をまとめ上げた結論においても、そのあいまいさがそのまま引き継がれたままになっています。

「O型の山本くんは楽天的だ」という観察自体が問題です。O型だから楽天的なのではなく、たまたま山本君が楽天的だったのかもしれません。O型と性格の間には直接的なつながりがある理由づけが見当たりません。

観察事項そのものがおかしな例としては、

「Aさんは宇宙人にさらわれたと言っている」

「Bさんは宇宙人を見たと言っている」

「Cさんも宇宙人からのメッセージを受け取ったと言っている」

だから、「宇宙人は存在する」という話です。

宇宙人だからすぐにおかしいとわかりますが、**これが経済や株の話だと、ころりとだまされてしまう人がいます**。詐欺師の論理に使われることもあるので、気をつけておきたいポイントです。

◉不適切なサンプリング

最後のポイントは、早急な一般化です。

「Aさんは就職する気がない」
「Bさんは卒業後、旅に出てしまった」
「Cさんはバイトしながら夢を追いかけている」といったことから、
「日本のフリーターが増大」という結論を導き出すというものです。

日本の若者人口数千万人に対して、ここで挙げているサンプルはわずか3人です。それだけで、フリーター増大に結びつけるのは早急すぎます。

これは、**テレビ番組などでよく使われる手法**で、ごく一部を取り上げて、あたかもそれが全体であるかのように見せる手法です。

日本のフリーターが増えているのは確かかもしれませんが、3人のサンプルと結びつけてしまうところに問題があります。

この場合の結論は何でしょうか。類似の点をまとめ上げるという帰納法の原則でいうと、「正社員としての雇用を望まない人も存在している」という程度でしょう。それ以上の結論を引き出すのには無理があります。

フリーターの増大を論証するなら、フリーター人口を統計グラフにして示すのが適切な方法です。わずか3人のサンプルから言うべき話ではないのです。

think 7

3分でわかる演繹法・帰納法・弁証法

何かを理由づけて考える・伝えるときの基本的な論理パターンは、古代ギリシアはアリストテレスの時代から変わっていません。

すべては、次の3つのパターンに集約されています。

①演繹法
②帰納法
③弁証法

演繹法と帰納法については前項までに説明していますが、まとめという意味でもう一度ポイントをおさらいします。

◉落とし穴の多い演繹法

「黒い雲が出てきた」という観察事項を元に「雨が降りそうだ」「傘を持っていくべき」という結論を引き出すのが演繹法です。

演繹法というのは、論理をつくるのが簡単なため、多くの人が日常的に利用している方法ですが、注意して使わないと**誤解を招いたり、理解に時間がかかったりと、落とし穴も多い**のです。

「暗黙のルール」が共有されていないと、相手にうまく伝わりません。また正しい因果関係を見極めるのは意外と難しいものです。

「逆」「裏」「対偶」の法則を知っていないと、論理にだまされてしまうこともあります。

論理を数珠繋ぎにしていくので、途中の説明を端折《はしょ》ってしまい、「論理のブラックボックス化」が起きやすくなります。

長い論理になると、途中でミスが起こりやすくなります。

演繹法のみに頼って論理を展開するときは、よほどの注意が必要です。

◉複数の事実から展開する帰納法

帰納法は、多くの観察事項から類似の点をまとめ上げることで、結論を引き出すという論法です。

「A社は売上が落ちている」「A社の従業員が多くやめている」「A社の支払いの先延ばしがあった」ということから、「A社は経営難に陥っている」という結論を引き出します。

帰納法というと難しそうですが、必ず一度は誰もが使ったことがあるはずです。多少慣れが必要ですが、使いこなせるようになると、複数の事実を元にして論理を展開するため、**客観的な理由づけができ、ビジネスシーンでの説得力を増す**ことができます。

ピラミッド・ストラクチャーやイシュー・ツリーなどのビジネスツールは帰納法の考え方をベースにしています。

落とし穴としては、「類似の点をまとめ上げていない」「観察事項そのものがおかしい」「不適切なサンプリング」の3点について注意する必要があります。

３つの論理のパターン

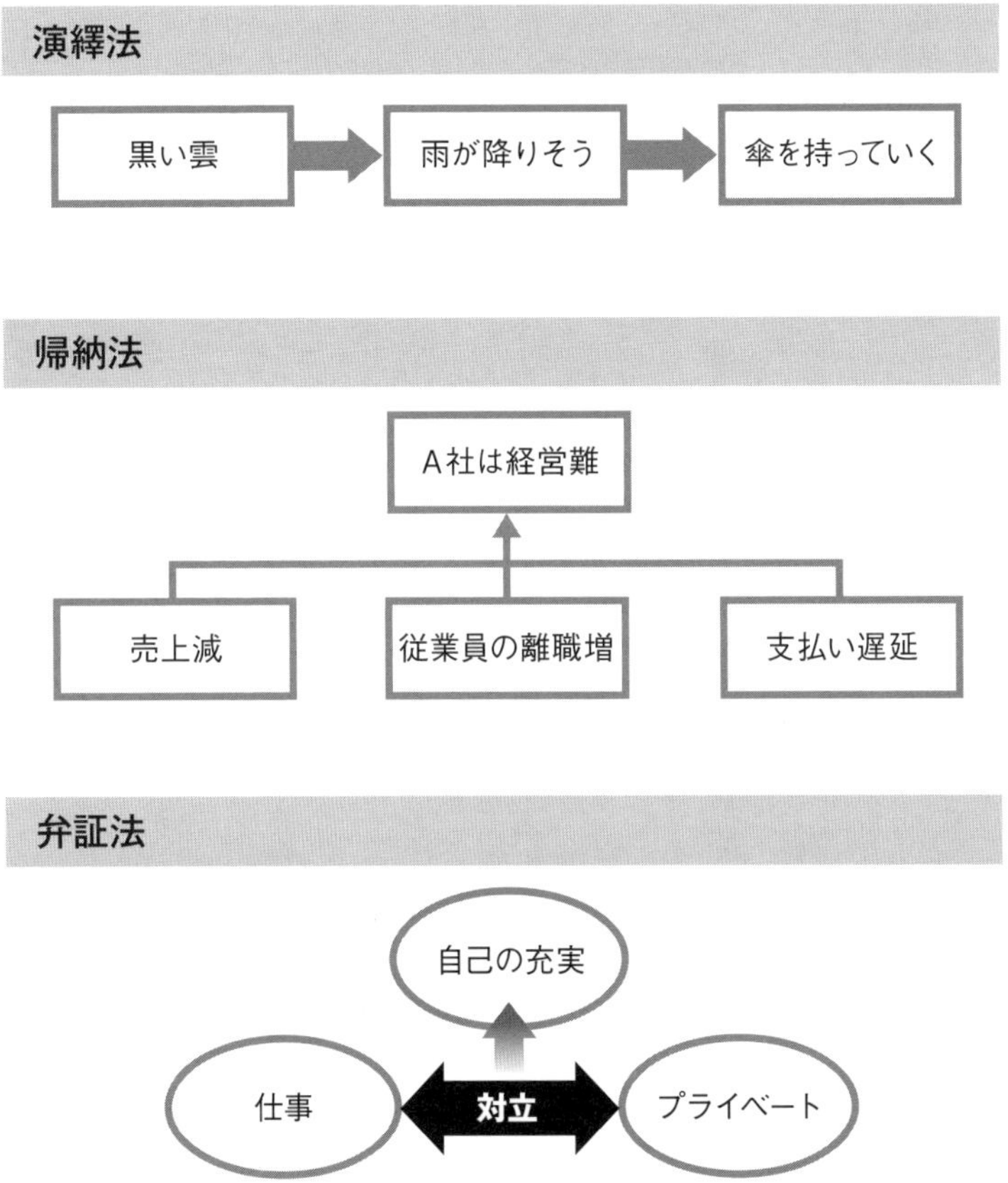
演繹法
黒い雲
雨が降りそう
傘を持っていく
帰納法
A社は経営難
売上減
従業員の離職増
支払い遅延
弁証法
自己の充実
仕事
対立
プライベート

◉対立から本質を生み出す弁証法

最後に弁証法というのがあります。これは哲学的な真理などを導き出すときに使うための思考法です。

テーゼ（肯定）とアンチテーゼ（否定）の**物事の対立から、より高次の思考がうまれる**というものです。

「仕事に打ち込んで夜も休日も働けば出世する。しかしプライベートは無くなり仕事人間になってしまう」

「かといって遊んでばかりいれば、給与も安いままだ。それでは困る」

これらの二つのことは対立しています。

弁証法では対立のなかから本質が生み出されるといっています。この場合は、「仕事かプライベートという選択論ではなく、自己の充実度合いが幸せの尺度を決定する」という視点を見出す、といったものです。とてもおもしろい思考なのですが、ビジネスの問題に応用するにはなかなか難しいところがあります。実際には、演繹法と帰納法を押さえておけば十分でしょう。

think 8

究極の説得ツール「ピラミッド・ストラクチャー」

ピラミッド・ストラクチャーとは、演繹法と帰納法を組み合わせて、非常に説得力の高い主張ができる手法です。

◉アリバイ、凶器、DNAで主張する

たとえば、究極の説得力が必要な場面を考えてみましょう。

裁判などはどうでしょうか。殺人事件の裁判があったとします。検察側は「計画的な犯行で罪は重い」という主張をします。人を裁くのですから、あいまいな話では困ります。疑いの余地なく、被告人が犯人であることを証明する必要があります。そこで、どのような理由づけをするでしょうか？

被告人が犯人である証拠として「動機がある」という話をしましょう。被害者と金

銭トラブルがあり、犯行の動機となる、という主張です。これ自体は演繹的な理由づけです。さすがにこれだけでは何とも言えません。もう少し理由が必要でしょう。

そこで、「犯行当日にアリバイがない」を付け加えます。さらに「犯行に使われた凶器が被告人の購入したものと一致」と述べます。それでも理由が足りなければ、「DNAが一致した」という具合に、多くの理由を述べていきます。

そして、その一連の理由から帰納的に「犯人にまちがいない」ということを証明していくという形です（裁判での要件は複雑です。これはあくまで論理的な主張とは何かを説明するためのたとえ話と考えてください）。

◉ひとつの主張に3つの視点

ビジネスの場面ではどうなるでしょうか？

たとえば、「中国の環境関連事業に参入すべき」ということを主張して、関係者に納得してほしいとします。

新規事業に参入する理由づけとして、「中国では環境関連の市場が伸びている」を挙げます。これは重要な理由のひとつですが、これだけをもって参入せよと言うには

ピラミッド・ストラクチャーのフレームワーク

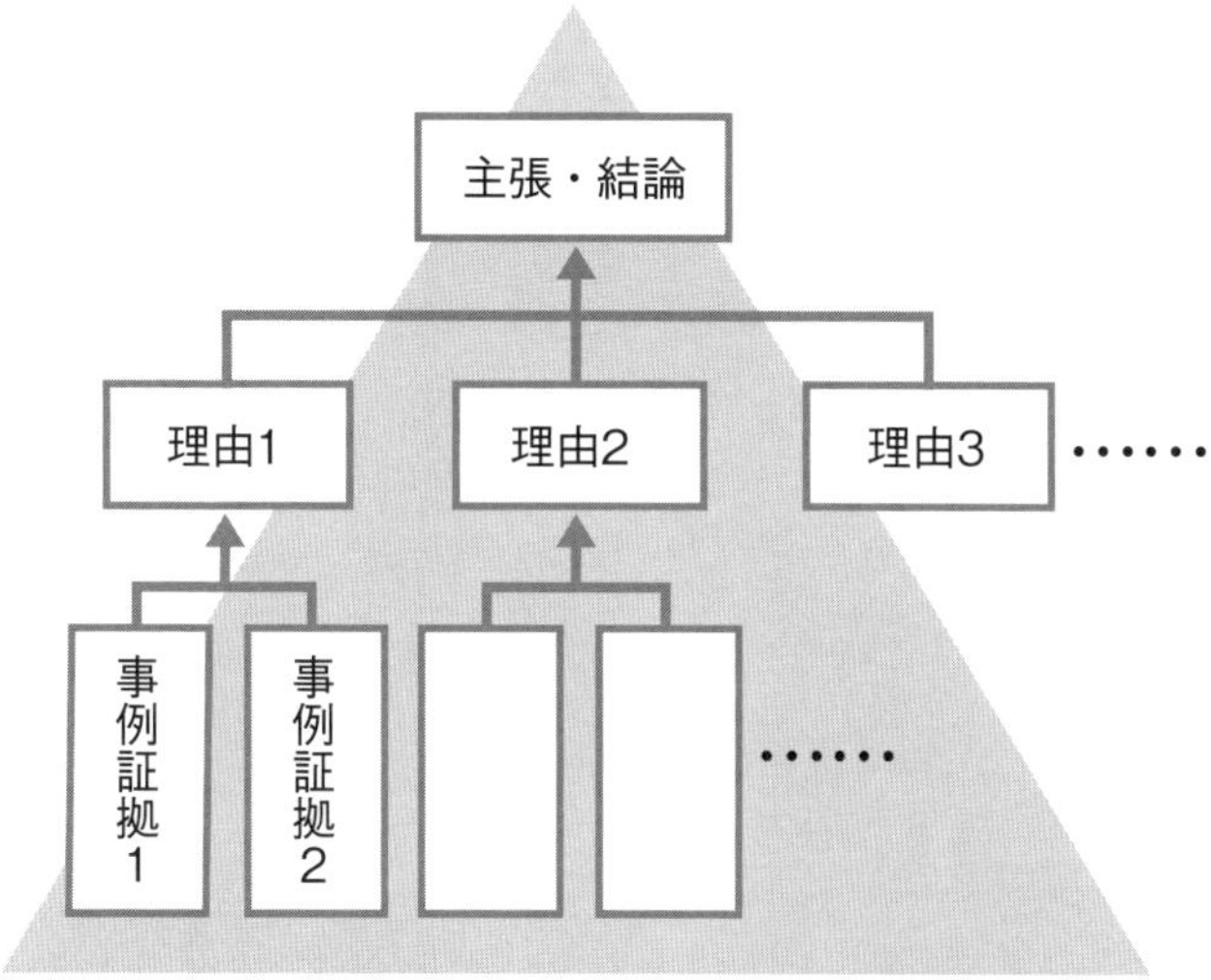

ピラミッド・ストラクチャー作成時のポイント

・主張を明確にすること
・理由付けは主張を直接説明すること
・理由付けはそれだけで十分か？　なぜ十分か？

不十分です。みんなを納得させるためには、さらにいくつかの理由が必要です。「競合面からみても、まだ参入企業が少なくチャンスがある」という理由を付け加えます。さらに「自社の技術もすぐに転用できて、有利にはたらく」ということで主張をサポートします。市場、競合、自社の3点から帰納的に「参入のチャンス」ということを主張します。

このような論理構成を、ピラミッド・ストラクチャーと呼びます。

また、ピラミッドを構成する「段」は必要に応じていくつあってもかまいません。左の図では、それぞれの部分の理由づけをさらに深く掘り下げています。

理由づけをする際、論理が弱くなるポイントとしては「理由はそれだけ？　本当にその理由だけでいいの？」という2点が考えられます。

この場合は「市場（Customer）」「競合（Competitor）」「自社（Company）」という**3Cフレームワーク**の点から主張を行っています。新規事業などを検討する際には、この3つの視点から検討すれば必要かつ十分であるという視点です。

ピラミッド・ストラクチャーを使う時は、理由づけがそれで十分なのかどうかに気をつける必要があります。たとえば、「ヒト、カネ、モノの3つの視点から議論しました」というのもひとつのフレームワークになります。

ピラミッド・ストラクチャーによる主張の例

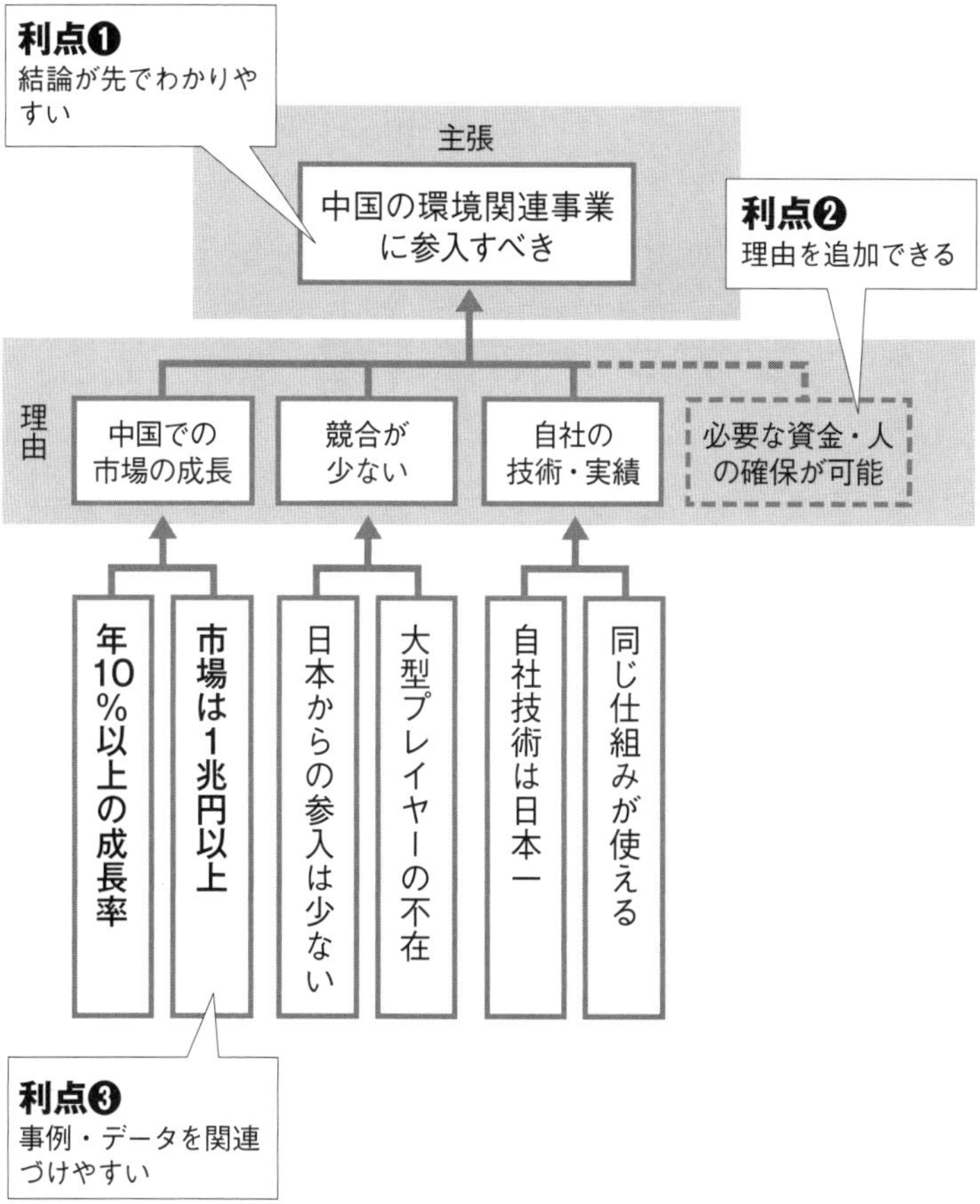
利点❶
結論が先でわかりやすい
主張
中国の環境関連事業に参入すべき
利点❷
理由を追加できる
理由
中国での市場の成長
競合が少ない
自社の技術・実績
必要な資金・人の確保が可能
年10%以上の成長率
市場は1兆円以上
日本からの参入は少ない
大型プレイヤーの不在
自社技術は日本一
同じ仕組みが使える
利点❸
事例・データを関連づけやすい

ピラミッド・ストラクチャーの利点はいくつかあります。

まずは**「結論から述べることができる」**という点です。

ピラミッドの頂点には常に主張なり結論が来ます。ピラミッドの順番に話したりプレゼンしたりすることで、結論から入り、理由に展開していく流れがスムーズにできます。これによって冗長にならず、論理的にポイントを伝えられます。

利点の2番目は、**「後から理由づけを追加できる」**という点です。

先ほどの中国環境事業への新規参入の例（51ページ）でいえば、理由づけが弱いと指摘を受けた場合などに、4つめの理由としてリソースの観点から、「参入に必要な資金と人員を確保できる見込みが立っています」というものを追加すればさらに説得力が増すでしょう。

利点の3番目は、**「事例やデータを関連づけることが容易」**な点です。

たとえば、「市場が伸びている」ということに対して、実際の市場調査のデータを関連づけられます。事例やデータを盛り込むことで理由づけを明確にできます。

ピラミッド・ストラクチャーは、**「これがいつでも確実にできるようになれば、論理思考はすべて学んだ」と言える**くらいの究極のツールです。

ピラミッド・ストラクチャーのフレームワークの例①

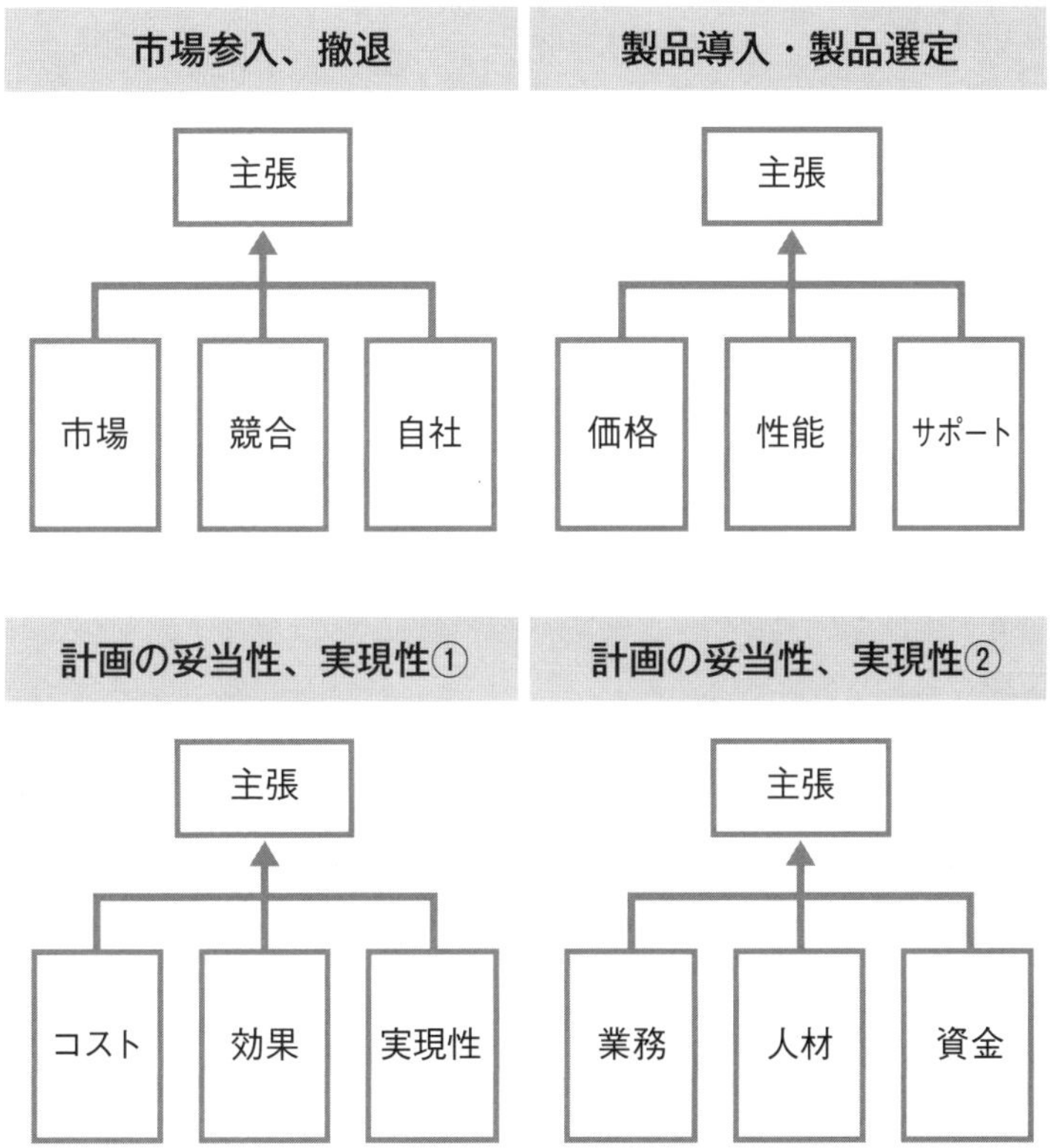

ピラミッド・ストラクチャーのフレームワークの例②

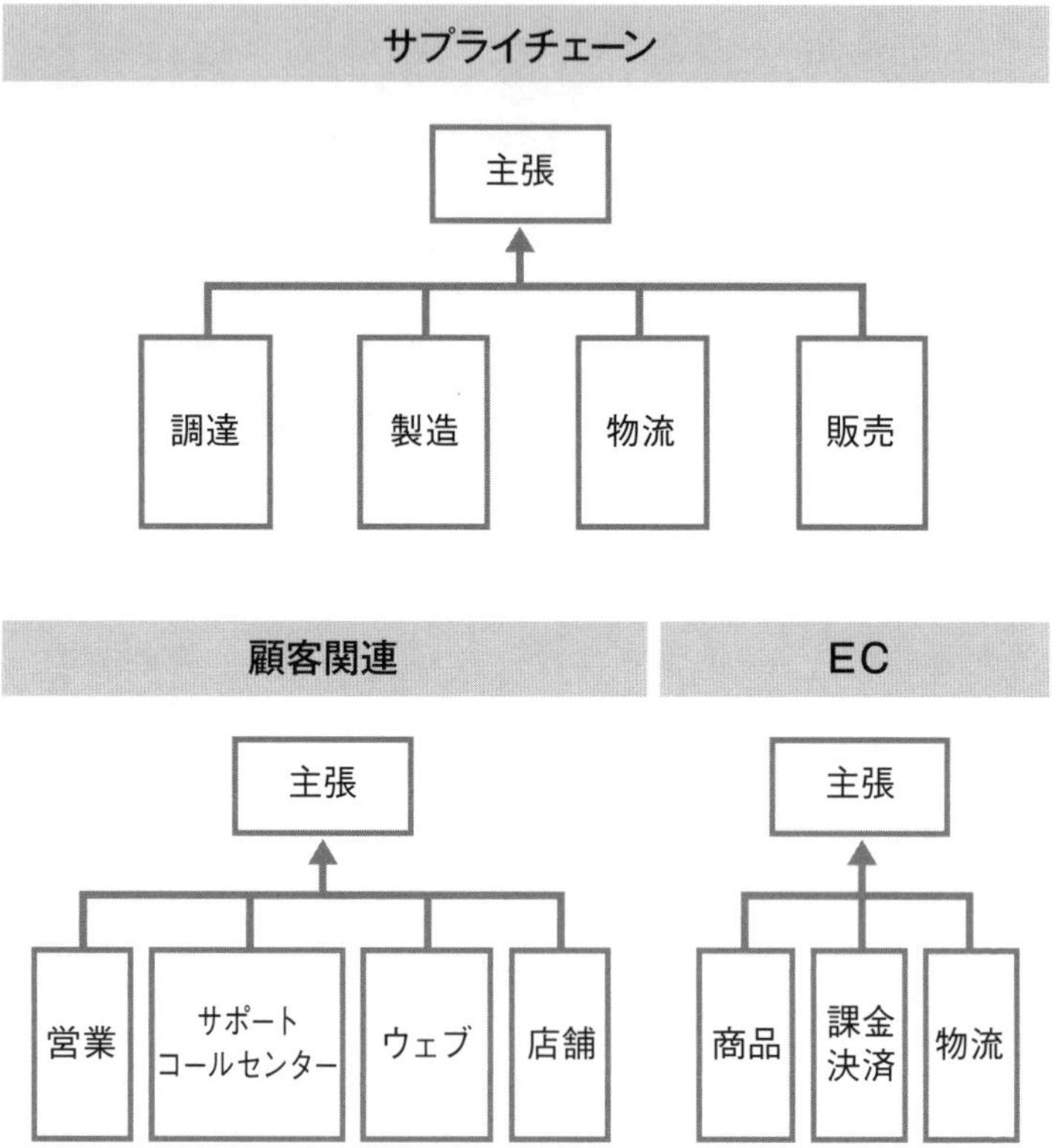

think 9

仮説思考で最初に犯人を決めてしまえ

あなたが、ある問題について検討を任されているとしましょう。まだ検討を始めて間もないころ、「あの件はどうなっている？」と調査事項の途中報告を求められたら、どうしますか？

具体的な結論が見えていない段階では、「まだデータを集めているところですので、まだ何とも言えません。結論がわかったら報告します。もう少し待ってください」と答えるのではないでしょうか。

一般的には、何かの結論を出すには、データを網羅的に集めて、詳細に検討して総合的に結論を出す、というやり方が正しいと考えられています。我々コンサルタントの世界では、それを総花的な検討方法と呼び、ご法度《はっと》とされています。

このようなやり方をすると、データ集めにばかり時間がかかるうえ、完璧を求めるようになって、「あのデータがないと結論が出せない」「こちらのデータも必要だ」なども、いたずらに時間がかかります。そして最後には「データ不十分で明確な結論は出ませんでした」ということになりがちです。

◉仮説思考は「刑事コロンボ」

総花的な検討方法に対して、コンサルタントがよく使う思考法は**仮説思考**といいます。仮説思考というのは、誤解を恐れず簡単に言ってしまうと、「刑事コロンボ」と同じような考え方です。

たとえば、殺人事件がおきたとしましょう。刑事コロンボを思い浮かべてください。コロンボ刑事は現場をざっと見た後に、ある程度犯人の目星をつけてしまいます。コロンボのドラマが始まって10分ぐらいで犯人はだれか、どういう方法で殺したのか、動機は何かといったことを、およそ見当をつけてしまうのです。

これが「仮説」です。

仮説はその名の通り「仮の説」ですから、間違っていてもいいのです。大胆に推測して、「もしかしたらこうなのでは?」というストーリーを描いてしまいます。

推理した後は、「もし自分の推理（仮説）が本当だとしたら、どういう証拠が出てくるか？」ということをリストアップします。コロンボ刑事は、自分の推理に従って、聞き込みや証拠を探していきます。むやみに聞き込みを行っているわけではありません。自分の推理が正しいとしたら、こういう証拠が出てこなくてはいけないという点を頭に入れて、それが出てくるかどうかに焦点を絞って検証しているのです。

これを**仮説の検証**とよんでいます。あらかじめ仮説をつくることによって、調べるべきポイントを絞り込み、効率的な捜査を行うのです。ビジネスにおいても同様に、仮説検証を行いながらデータを調べていきます。

◉仮説は間違っていていい

「うちのホテルの客さんが減ってきている」という事件（問題）があったとします。これに対してコンサルタントは、思い切って仮説を立てます。

「問題は価格ではなく、ビジネス出張が日帰りになってきたからである。出張客に対してはまだ競争力はありそうだ」といった具合です。

この仮説を証明するためには、その地域へのビジネス出張客の推移をまず調べる必要があるでしょう。もし、出張客が減っていれば、仮説は当たりです。

さらに、どうして減っているのか？　逆に、来る人はどういう人か？　ということをさらに仮説をつくって深く追求していきます。このようなデータの調べ方をすることで、非常に短い時間で真実が見えてくるのです。

一方、データを調べてみて、仮説と反する事実が出てきたら、最初の仮説を修正する必要があります。**事実と推測が違った場合、すぐに修正します。**

コンサルタントも最初の仮説をつくる段階で百発百中ではありません。調べてみたら、まったく事実と異なっていたということもあります。その場合は、得られたデータを元に仮説を修正して、再度事実をつかみにいきます。

重要なのは、最初に立てた仮説の精度ではなく**「仮説→検証→修正」のサイクルをいかに早く回すことができるか**という点です。

このサイクルを効率よく回すことができればできるほど、早く問題の真因にたどり着くことができます。

◉仮説に固執するな

気をつけなくてはいけないのは、当初の仮説に固執してしまうことです。

仮説思考のステップとポイント

仮説思考のステップ

仮説を立てる

↓

その仮説が正しい証拠（事実）の検証ポイントを設定

↓

検証ポイントの検証（リサーチ、データ分析）

↓

必要に応じて仮説の修正

仮説思考実践のポイント

仮説検証のサイクルを
効率的に回す

事実を直視して、
当初の仮説に固執しない

仮説の撤回を責めない
カルチャーをつくる

調べてみたら事実と違うのに、自分の立場を変えられず、最後まで当初の説を貫き通そうとしてしまいます。そのためにデータを捏造《ねつぞう》したり、都合の悪い事実を隠そうとしたりします。**冤罪《えんざい》が生まれるのと同じ構図です。**

ですから、重要なのは、あくまでも仮説は仮説で、それが間違っていても発案者が責められたり、バカにされたりすることのないような雰囲気をつくることです。心地よく間違いを修正し、前に進めるようにすることが重要です。

コンサルタント会社では仮説が間違っていても誰も責められませんし、むしろ「あの説はないということがわかり、真実に近づいた」と喜びます。

仮説思考が身につくと、調査の途中報告のやり方も変わってきます。現時点の仮説と進捗を伝えることができるので、論理的でポイントをついた報告ができます。

先ほどのホテルの例だと、このような報告をするのはどうでしょうか？

「他のホテルより価格が高いというより、この地域へのビジネス出張客そのものが減ってきていると考えています。現時点での調査では、出張客が年々減少してきていることがわかっています。出張客に関して、うちのホテルは決して負けていないかもしれません。さらに詳細な理由を調べています」

このような報告をすれば、上司も「なるほど」とうなずいてくれるはずです。

think10

調査と分析は「クイック&ダーティー」に

調査や分析をする時に、コンサルタントの世界では、「**クイック&ダーティー**」という言葉を使うことがあります。

クイック（すばやく）はわかるけれども、ダーティー（汚い）とはどういうこと？　と思われるかもしれません。

「汚い」というのは、調査や分析の精度についてです。**精度は荒くてもいいから、すばやく結論を出すほうがいい**、という意味合いなのです。

一般的には、調査や分析をする時には、精度を重視し、細かいところまで数字を追求したものが良い調査と考えている人が多いと思います。

たしかに、政府の統計など数字自体が意味をなすようなものや、自然科学の実験のように完璧に近い精度が厳しく問われる場合はそうでしょう。しかし、このような完璧主義の調査は、ビジネスにおいては有害なこともあるのです。

◉見当さえつけば合格

ビジネス上の調査や分析は、政府統計や科学実験とは違います。コンサルタントが調査や分析を行う目的は、**「仮説が正しいか間違っているかを検証するため」**がほとんどです。仮説検証に必要なレベルの調査の場合、それほどの精度はいらないのです。

たとえばこういうことです。

「ホテルのお客さんが減っているのは、競合に負けているのではなく、市場のパイ（地域へのビジネス出張客自体）が減っているからでは？」という仮説を立てたとしましょう。その場合、最初に調査・分析するのは、地域へのビジネス出張が本当に減っているのかどうかです。

調査をするに当たっては、減っているのか、増えているのかというおよその見当さえつけられれば、まずは合格と言えます。増えているということになれば、最初の仮説は間違っていたことになり、修正を迫られます。そのための判断材料としてのデータがあればいいのです。

ですから、飛び飛びのデータでラフなものでいいので、減っているのか、増えてい

クイック＆ダーティーの原則

調査・分析の目的と必要な精度

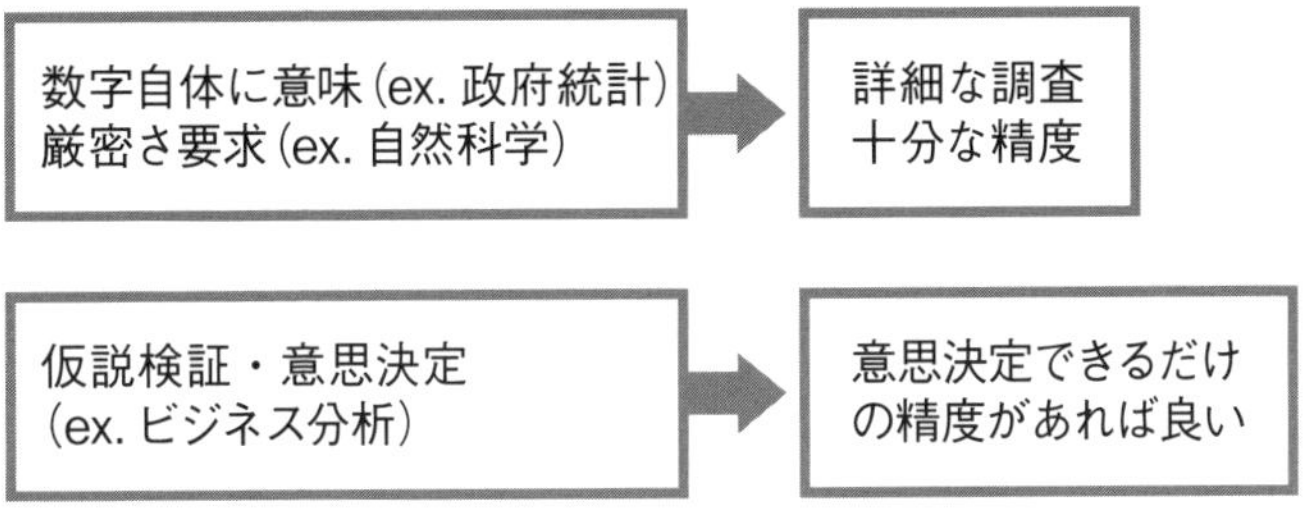

クイック＆ダーティー

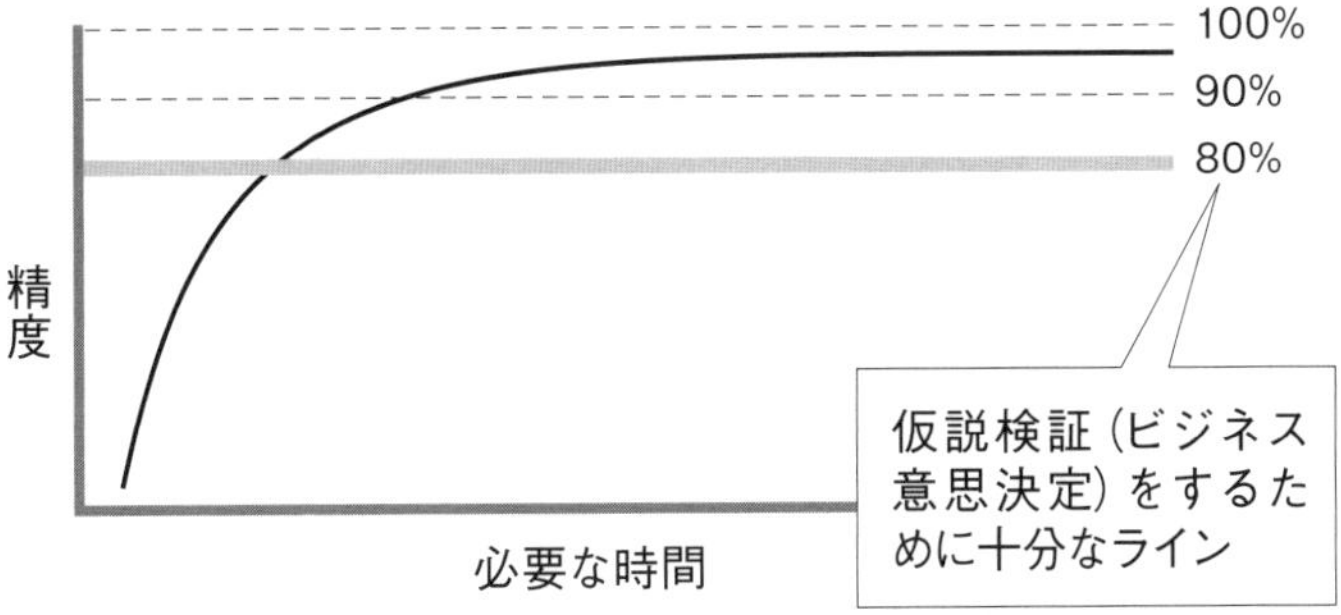

るのか、どちらなのかをつかむことに意味があります。

〝何人〟単位まで毎年の正確な数字をグラフ化して追い求めるようなことは、意味がないのです。

「少なくとも、5年間で2、3割程度は減った」というような大局的な傾向がつかめればいいのです。大局的な傾向がわかれば、ビジネスとしては十分で、それに基づいて仮説の修正や意思決定ができます。

◉「90まで」と「90から95」までは同じ労力

一般に、データや分析の精度というのは時間をかければかけるほど、良くなりますが、90％を超えたあたりで、時間当たりの精度向上の曲線は鈍くなります。10％の精度を90％にするのと、90％の精度を95％の精度にするのには同じぐらいの時間がかかってしまいます。

しかし、実際に調査や分析の目的であるビジネス上の意思決定は、**せいぜい70〜80％程度のデータがあれば、十分なことが多いのです。**時には50％のデータでも意思決定できる場合もあります。

意思決定の材料になるのであれば多少荒くてもいい（ダーティー）から、スピードを重視する（クイック）というのが、クイック&ダーティーの考え方です。

完璧病に陥るな

以前、医療機関向けに製品を販売している会社の営業のコンサルティングをしたことがあります。この会社では営業の方針は売上目標の数字を示すだけで、ほかにマネジメントというのが存在しませんでした。

疑ってかかったのは、ターゲティングです。

セオリーからいえば、患者が多い病院、患者が増えている病院を攻めるほうが効率は良いわけです。しかし、営業マン個人が、仲がよく訪問しやすい病院ばかり訪問しており、組織としてターゲティングをしたうえで動いていないことが非効率を生んでいるのでは？　と考えたのです。

それを調べて、適切なターゲティングを提案しようとしたところ、

「正確な患者数などわからない」
「推測になってしまうから意味がない」
「市場会社のデータベースは正確ではない」
「個々の事情のほうが大切」

ということで、議論が暗礁に乗り上げてしまったのです。**すべてが完璧にわかる見込みがないと一歩も動けない。**これが完璧病です。

しかし「営業マン個人が、勝手に訪問しやすいところにだけ訪問している現状」を検証するためであれば、何も厚生省が発表するような正確な患者数は必要ありません。

そこで、潜在的な患者の規模をAからEの5ランクで分類しました。市場調査会社からの簡単な数字のレポートも入手し、実際の営業マンと議論することで、1日で地域の200の病院を患者数でA〜Eランクにわけることができました。

次に調べたのが、実際に営業マンがどこに訪問しているかということです。これは日報の記録をベースにして調べました。

これらをつき合わせてみたところ、本来訪問を多くすべきAランクの訪問が少なく、BやCが多くなっていたのです。Eへの訪問も予想以上に多いことがわかりました。

AからEというような簡単なランクづけなので、情報としては不正確です。ですが、営業マンが、「ターゲティングにのっとって行動しているのではなく、自分が訪問しやすいドクターがいる病院に行っている」という傾向を明らかにするのには十分な情報でした。

これをもとに、ターゲティングの重要性を認識していただき、どうしたら適切なターゲティングができるようになるか、そのために必要な情報をどう収集するか、といった営業マネジメント体制の構築に話が進んでいったのです。

◉調査分析は必ず仮説とセットで行う

調査や分析を依頼されると、多くのビジネスマンが調査や分析そのものにのめり込んでしまって、精度を上げることに力を注いでしまいます。その調査や分析の結果、何を判断したいのかを忘れてしまうことが多いのです。

そのような罠にはまると「正確なデータや分析が得られないと一歩も前に進めない」という病気にかかってしまいます。そうではなく、現時点で手に入るデータで判断して、前に進むというやり方がコンサルタントのやり方です。

目的を見据えて、時間とのバランスを考えたスピード感ある調査・分析を行うことが重要になってきます。そのためには、**常に何のためにデータを集めるのか、基準になる仮説を意識して進める**必要があります。

仮説を何も想定せずにデータだけを集めようとすると、方向性が見えないので、ついつい精度を高めるという方向に走りがちです。調査分析と仮説思考は必ずセットで使うものなのです。

Part 1

まとめ

- 「常識」は人それぞれ。「暗黙のルール」を意識して論理を展開する。
- 関係があるだけでは因果関係にならない。それが起こる確率を検討する。
- 「逆」「裏」「対偶」を見分けて、論理が正しいかチェックする。
- 結論を3つの視点で支える「ピラミッド・ストラクチャー」を使う。
- 仮説思考は「仮説↓検証↓修正」のサイクルをいかに早く回せるかが重要。
- 調査と分析はすばやく、汚く。目星がつけば、精度を完璧にする必要はない。

Part 2

論理的に「伝える」コツ

think

think 1

説得力が増す「CRFの原則」

「話がうまく伝わらない」「屁理屈だと思われる」「何が言いたいのかわからない」ということで悩んでいる人は、説得力をもって伝えるための「**CRFの原則**」を頭においてほしいと思います。

CRFの原則とは、何かを伝えようとするときには、**結論（Conclusion）**、**理由（Reason）**、**裏づけ（Fact）**の3つがセットになっていると、説得力が増すというものです。また、CRFの順番で話すことでわかりやすさが増します。

◉CRFの理由は3つまで

説得力のないプレゼンや話には、CRFのどれかの要素が欠けていることが多いのです。また冗長に感じるプレゼンは、CRFの順番がおかしいことが多いのです。

まず結論（Conclusion）とは、最終的に相手に伝えたいメッセージです。要するに何が言いたいのか？

何をしてほしいのか？

できるだけ簡潔なメッセージになるようにします。最初に結論を簡潔に伝えることで、何が言いたいのか明確になりますし、冗長にならずにすみます。

次に、その結論・主張にいたる理由（Reason）を3つ程度にまとめて提示します。「会社で購入するPCは、D社のノートPCにすべき」ということを説得したいのなら、「コスト面で有利」「サポート体制も充実」「用途に合わせて柔軟な製品を組める」といったポイントを挙げます。この理由は、結論や主張を直接サポートするものでなくてはいけません。

また、理由は3つくらいに絞ります。

理由が5つも6つもある場合は、グルーピングして3つくらいに絞るべきです。理由がだらだらと続くと、聞くほうは飽きてしまううえに、理由づけそのものがわからなくなってしまうことがあります。

最後に、それぞれの理由をサポートする裏づけとなる事実やデータ（Fact）を提示します。「コスト面で有利」ということを理由として挙げたのであれば、同じ性能のＰＣの価格を比較した表などを裏づけ資料としてプレゼンします。

◉「思い込み」と思われないために

裏づけとなる事実があるのとないのとでは、説得力が違ってきます。

説得力に欠けるプレゼンは、ファクトの部分がまったく欠けているものが多いのです。裏づけがなく理由だけを長く説明すると、単なる「思い込み」や「屁理屈」と捉えられてしまうことがあります。

理由と裏づけをセットにして提示することで、**客観的な事実に基づいていることを伝える**のが大切です。

裏づけの部分は、単純な事実やデータを羅列するだけでなく、表にしたり、分析を加えたりと、見せやすくする工夫をするべきです。

また裏づけとなる事実やデータがひとつだけでは不十分な場合は、事実を増やして、説得力を増すことができます。

ＰＣの価格比較にしても、現時点での比較表だけでは「たまたま今安いだけでは？」という反論を受ける可能性があります。過去5年間における価格の推移や、サポート

ＣＲＦの原則

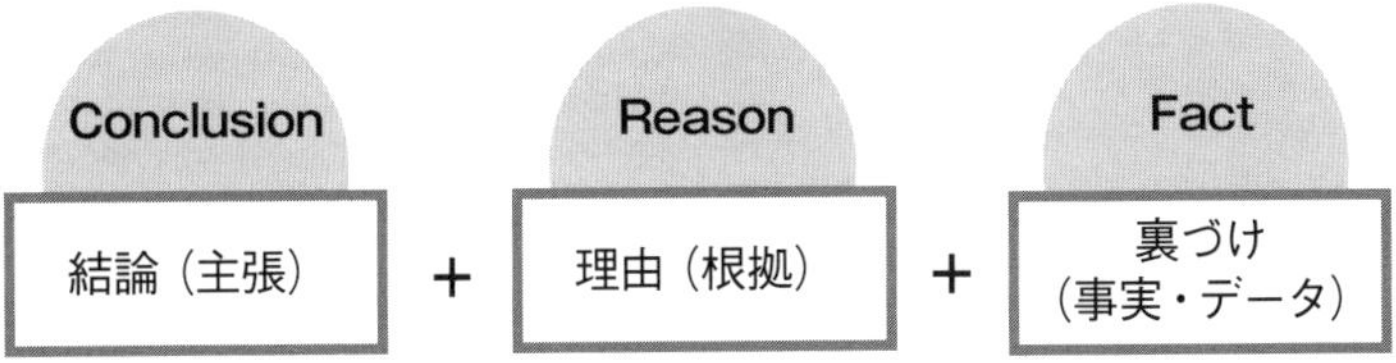

この3つがそろって初めて説得力のある主張が生まれる

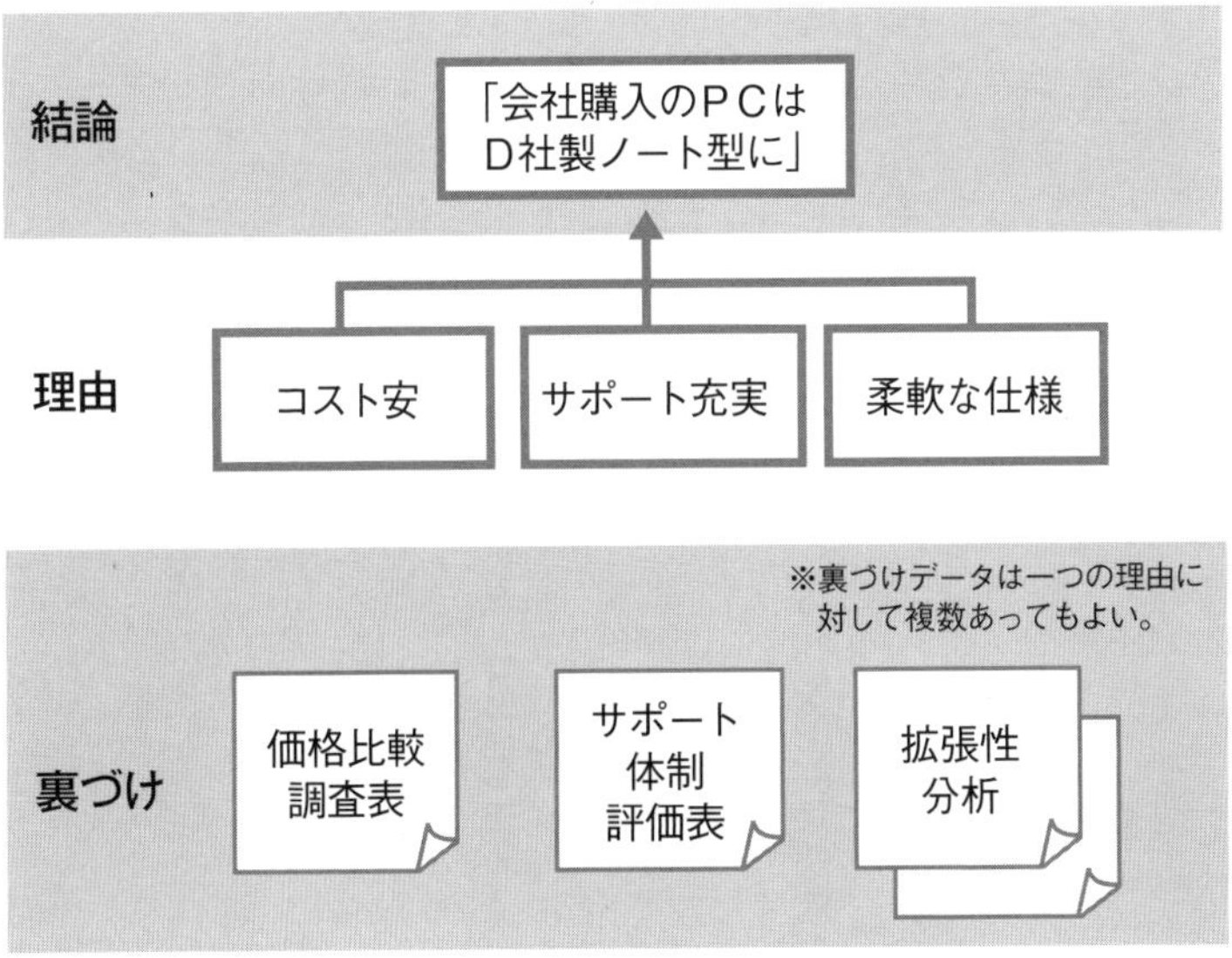

コストも含めたトータルコストの比較表などの資料を加えることで、「コスト面で有利」という理由を強力にサポートできます。

プレゼンを組み立てるときは、ＣＲＦの原則を意識してみてください。

◉ＣＲＦプレゼンは事前準備がすべて

ＣＲＦの原則に沿ったプレゼンをするには、思いつきや行き当たりばったりでは上手くいかないということがわかります。

論理思考を使って考えを整理して、ＣＲＦにまとめなおす必要があります。プレゼンの準備というのは、まさにそのことなのです。

プレゼンには喋り方や身振り手振りといった見た目の要素もありますが、**ＣＲＦでの組み立てさえしっかりしていれば**、多少伝え方がつたなくても、十分言いたいことを伝えることが可能です。

小細工をせずとも、ＣＲＦをしっかりまとめて、各ポイントを落ち着いてしっかり説明することがプレゼンの王道になります。

think 2

絶対に避けたい「白紙の結論」

「白紙の結論」というのは、「結論」になっていない結論です。「白紙」という意味は、**結論に何もメッセージがない**ということを意味しています。

白紙の結論というのは、たとえばこのようなものです。

「営業部門では多くの問題が見つかった」
「この製品には3つの利点があります」

これらは、結論のようでいて、結論ではないのです。単に問題点やメリットを箇条書きにしたものにすぎません。メッセージや示唆《しさ》がないというように言い換えることもできます。

結論として聞きたいことは、営業部門の箇条書きの問題点から何が言えるのか、何をしなくてはいけないのか？　というメッセージや示唆です。

メッセージがない結論は、結論とはいえないのです。

◉「問題を解決すべき」は結論ではない

営業部門の問題の話をもう少ししましょう。営業部門の問題点をコンサルタントが調査しているとしましょう。

その結果、たくさんの問題点が見つかりました。

「営業計画の立て方がバラバラ」「予算と実績の管理が確実にできていない」「日報・週報を取り入れているが、形骸化している」「上長は、予算を振ったらあとは個人に任せきり」といった具合です。

これらの問題点から、考えられる結論は何でしょうか？

白紙の結論はいけません。

「営業部門では多くの問題が見つかった」「営業部門はこれらの問題を解決すべきである」というのが白紙の結論です。

これは、問題点の要約にもなっていなければ、示唆でもありません。

白紙の結論と意味ある結論のちがい

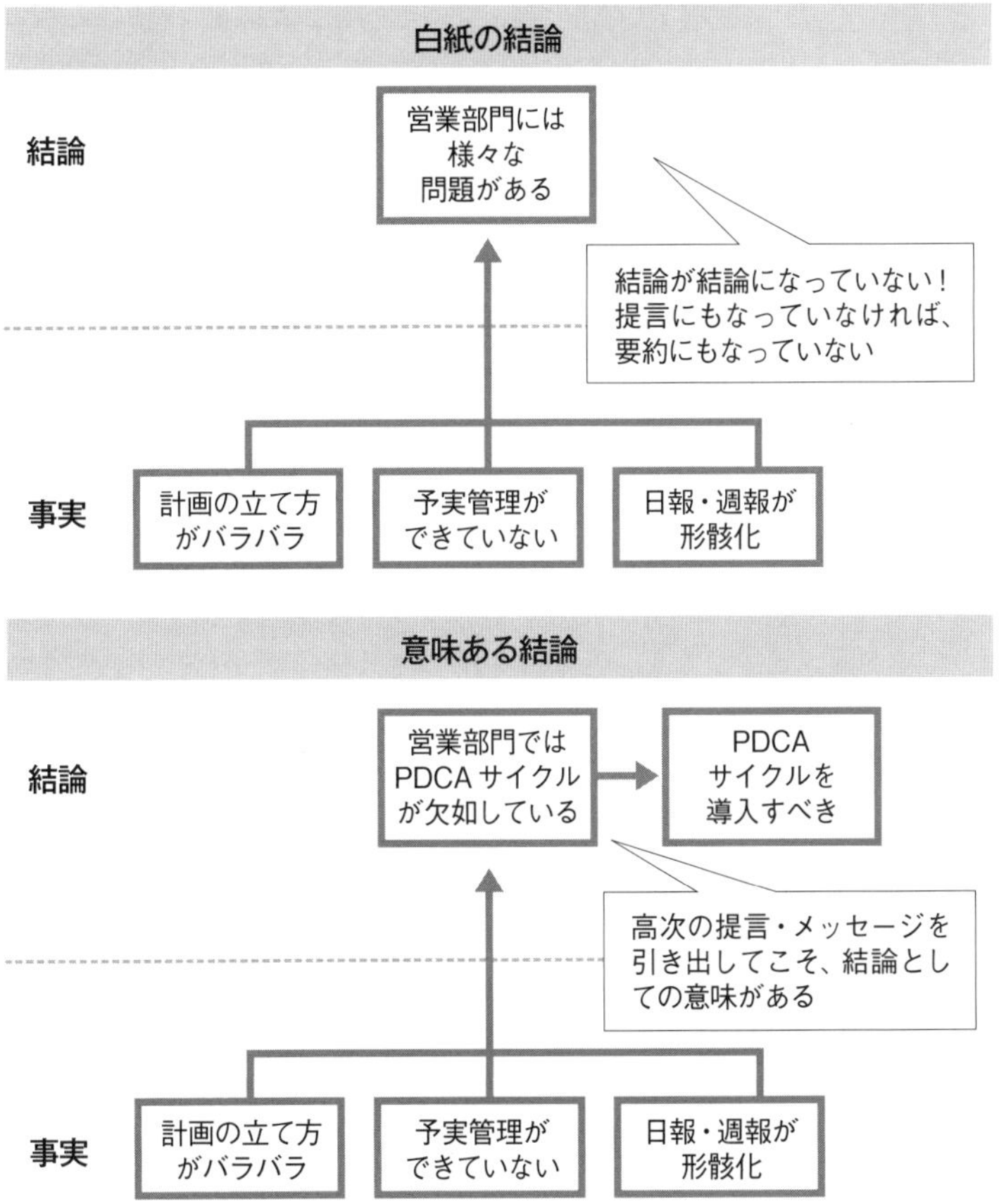
白紙の結論
結論
営業部門には
様々な
問題がある
結論が結論になっていない！
提言にもなっていなければ、
要約にもなっていない
事実
計画の立て方
がバラバラ
予実管理が
できていない
日報・週報が
形骸化
意味ある結論
結論
営業部門では
PDCA サイクル
が欠如している
PDCA
サイクルを
導入すべき
高次の提言・メッセージを
引き出してこそ、結論とし
ての意味がある
事実
計画の立て方
がバラバラ
予実管理が
できていない
日報・週報が
形骸化

だから何？　と聞かれても、答えられないものは、結論とは言えないのです。

◉コンサルタントの結論の出し方

では、コンサルタントはどのような結論を出すのでしょうか。

それは、「営業部ではＰＤＣＡサイクルが実行されていない」というものです。「ＰＤＣＡ」というのは、「Plan→Do→Check→Action」のことで、計画を立て、実行し、チェックをすることで次の計画に生かすという基本のマネジメントサイクルです。

営業部門で見つかった様々な問題は、ＰＤＣＡサイクルが実行されていない（または存在しない）ことによって引き起こされる現象です。これらは、結局のところＰＤＣＡサイクル上の問題に起因しているのです。

コンサルタントは、現象の羅列を報告するのではなく、より高次の原因である「ＰＤＣＡサイクルの欠如」というメッセージを提示しました。これにより、ＰＤＣＡサイクルを実現する業務プロセスの構築と情報システムを導入するという方向性が検討されるに至ったのです。

think 3

「事実」と「意見」は分ける

どこまでが事実で、どこからが意見なのか、わかりにくい報告があります。わかりにくいというより、どこまで真実と捉えていいのか判断できないのです。

事実と意見を混同する人は、事実と意見の違いがわかっていないことが多いようです。

◉データと解釈の違い

「**事実**」とは、客観的に誰もが見てわかる数字やデータのことをいいます。

「**意見**」とは、その数字やデータを見て、私はこう解釈した、こう思う、ということをいいます。

ＣＲＦの原則でいうと、Ｃ（Conclusion）やＲ（Reason）とＦ（Fact）は分離し

て伝えないといけません。
たとえば、次のような例を挙げます。
競合の製品について、上司が部下に質問をしています。

上司「ところで、B社が出してくるという製品だけども、どのくらいの価格になりそうか見当ついた?」
部下「B社の製品は新機構でコストダウンが可能と思いますし、思い切って安く出てくるという噂です」
上司「思いますって、君が思うの、それとも他の誰かが思うの? 安く出てくるって、何か情報を手に入れたのか?」
部下「競争も激しいですし、思い切った価格もありで、16万とみています」
上司「うーん。だから、どうして?」

会話があまりかみ合っていません。部下は意見を述べていますが、その裏づけとなる事実と自分の意見を頭のなかでまぜこぜにしています。

「事実」と「意見」を分離して議論する

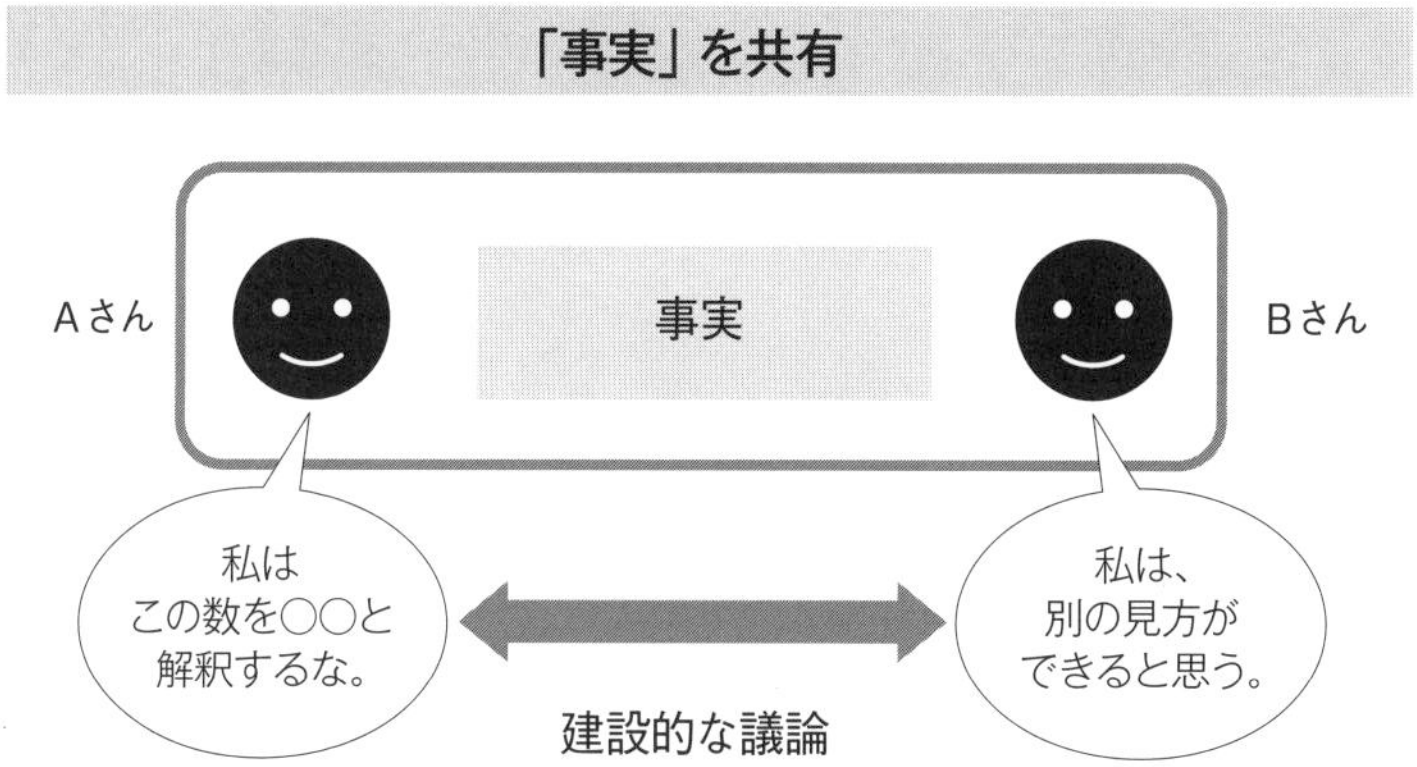
「事実」を共有
Aさん
事実
Bさん
私は
この数を○○と
解釈するな。
私は、
別の見方が
できると思う。
建設的な議論

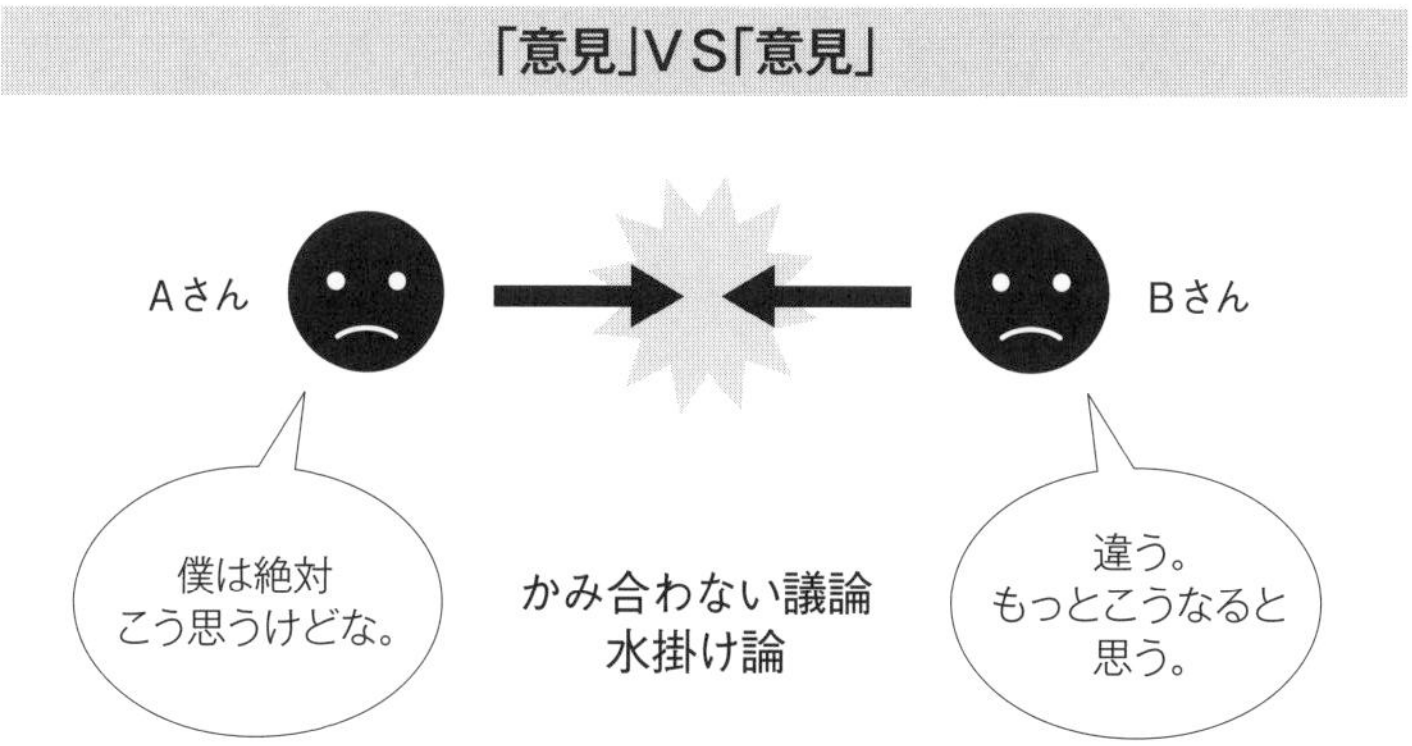
「意見」VS「意見」
Aさん
Bさん
僕は絶対
こう思うけどな。
かみ合わない議論
水掛け論
違う。
もっとこうなると
思う。

なります。

◉思い込みか事実かを判断する

事実と、意見を分離して伝えることで、わかりやすいコミュニケーションが可能になります。

上司「ところで、B社が出してくるという製品だけども、どのくらいの価格になりそうか見当ついた?」

部下「18万円以下と思います。製品仕様と競争環境の要因の2つの面から考えてです」

上司「ほほう。理由を聞こうか」

部下「事実を述べますと、製品仕様はB社が新機構を採用してくることはわかっています。その場合、製造原価が10%程度下がるとうちの設計部の者が推定しています。そこだけ考えると現行の10%引きで、18万です」

上司「なるほど」

部下「しかし、B社の新機構は共用部品を使っていまして、つくればつくるほど、コストが安くなります。最終的にはあと10%下げることも可能と推定できます。競争も激しくなってきていますし、私見では、初めから16万円台での設定もありそうです」
上司「なるほど、すでにうちの製品が18万台だから、勝つためには16万円台もありえるな」

という具合です。

客観的な事実と、そこから推測されることを分けて伝えています。

もし事実の解釈に相違があれば、その部分から議論することができます。

事実と事実をぶつける議論が論理的な議論です。

この逆が、思い込みと思い込みをぶつける議論です。

思い込み同士の議論では、お互いがベースとしている事実にも違いがあるケースも少なくなく、いつまでたっても議論はかみ合いません。

意見と事実は区別して伝える、区別して議論するということが重要です。

think 4

相手につっこませない「ファクト」の裏づけ

適切な「ファクト」を使うと強力な説得材料になりますが、不適切なファクトを使うと相手に屁理屈や思い込みと捉えられることがあります。ファクトの選択にもコツが必要です。

ファクトというのは英語で「事実」という意味で、要するに、**主観ではなく、誰が見ても納得できる客観的な事実やデータ**のことを言います。CRFの原則の3つめのポイントであるFact（ファクト）はこれを指します。

ファクトを理由の裏づけとして使う場合、なるべく客観的で中立的なファクトを使うことが必要です。

客観的で中立的なファクトは、次の3点がポイントとなります。

◉定量データを使う

説得力の強いファクトにするための最初の条件は、定量データを使うことです。誰かの感想や見解といった定性的なものを根拠に使うのではなく、**数字で表現できるデータを使って理由づけ、裏づけをすることです**。

たとえば、「市場が伸びている」ではなく、「年率30％で成長している」と言ったほうが説得力があります。「うちの製品シェアが下がっている」と言うより、「過去5年で市場シェアが10ポイント低下している」というデータを伝えたほうが客観的です。

定量データを使うことで、水掛け論を防ぐことができます。

たとえば、「事務手続きに時間を取られて困っている」「事務が煩雑で営業に集中できない」「事務手続きの時間などたいしたことがない」「どの部署でも事務手続きは煩雑だ」といった主観的議論だと、いつまでたっても議論はかみ合いません。

このような場合には、定量的なデータをつかみにいくことです。

具体的にトラブル対応にどのくらいの時間がかかっているのか、営業部門の時間調査などをして、統計を取ってみます。結果が、「平均して営業部員1人当たり週に6時間で、最大12時間の例もあった」ではどうでしょうか。誰が見ても納得できる客観

定量的なファクトと定性的なファクトのちがい

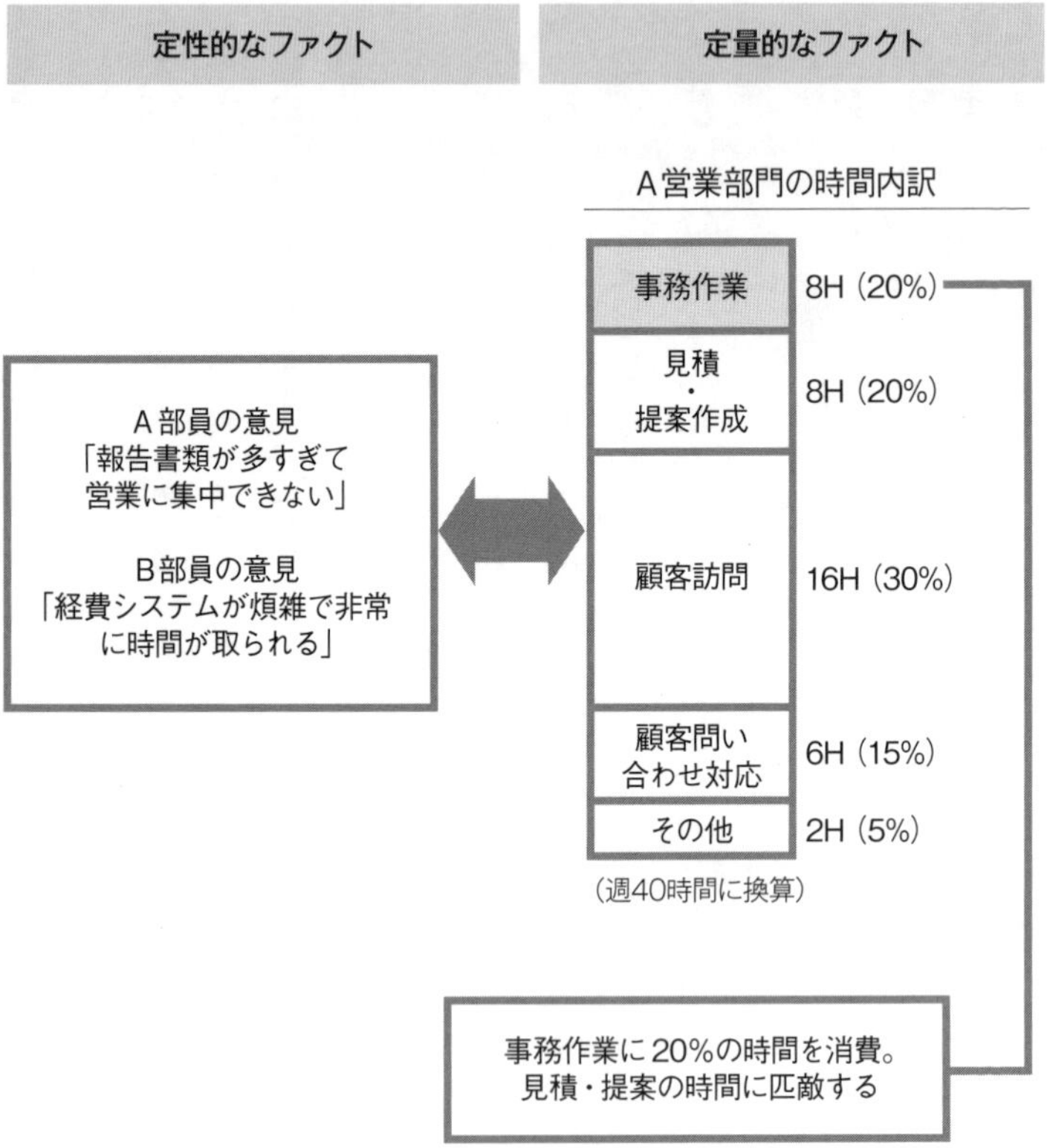

的なデータになったと思います。

◉一次情報に当たる

次のポイントは、**一次情報に当たる**ということです。

たとえば、顧客からのクレームが多くなっているということであれば、営業部の意見を通して内容を把握するより、顧客に直接ヒアリングするなどして、一次的な情報を得るべきです。

間に誰かが介在している情報を「二次情報・伝聞情報」といいます。二次情報・伝聞情報の場合、介在している人のバイアスや意見などがその中に入り込んでしまうことがあります。

また、顧客に直接ヒアリングして得た情報や、コールセンターに入った顧客の直接の意見などであれば、どの部署の人であっても事実は事実として素直に捉えるしかありません。

典型的な二次情報・伝聞情報は、新聞や雑誌の記事です。記者が取材したものを、記者に都合がよい視点で編集してある場合もあります。

新聞や雑誌の記事を引用して「だから○○です」と主張しても、説得力のある説明にはなりにくいでしょう。むしろ、新聞や雑誌記事からの引用があると、理由づけの信用力は低下してしまいます。できるだけ避けるべきだと思います。

◉中立的な視点、第三者の評価を使う

最後のポイントは、**なるべく中立的な評価、第三者の評価を引用することです。**社内でのレポートや社内の基準よりも、外部の調査や外部の評価レポート、外部のスタンダードなどを利用したほうが客観的・中立的で説得力が増すものとなります。

たとえば、ＳＥのスキルを調査・現状把握して、自社のＳＥはもっとスキルアップが必要という提言をまとめたいとします。

そのような場合、独自の基準でスキル評価をするのではなく、ＩＴＳＳ（経済産業省がまとめたＩＴスキルに関する標準）などの外部機関が策定した中立的な評価基準を利用して評価を行えば、客観性が増し、説得力のアップにつながります。

think 5

ビジネス向きの「PREP法」最後まで惹きつける「SDS法」

プレゼンテーションの構成には、大きく分けて、**PREP（プレップ）法**と**SDS法**の2つがあります。伝える内容、伝える相手によってどちらの構成のほうが効果的かは異なります。

◉PREP法はいきなり結論

PREP法は、最初に、①結論を話します。次に、②結論に至る理由を話します。そして、③理由に対する具体例、事例を挙げて説得力を高めます。最後に、④ポイントとなる内容を繰り返し述べて終わる、というプレゼン方法です（91ページ図）。

この本で取り上げている「結論から話す」「CRFで組み立てる」というのは、いずれもPREP法の流れをくんでいます。

ＰＲＥＰ法は、部内で検討してきた方針の発表や、調査結果の発表などに適しています。会議の参加者が、あらかじめ何のための会議で、どのようなことについての発表なのか、コンセンサスがあるときにはＰＲＥＰ法がベストです。

時間がない参加者もいます。短気な上司もいることでしょう。**聴衆は何より先に検討結果である「結論」が知りたい**のですから、結論を最初に伝えるＰＲＥＰ法が目的に合いますし、なるべく短時間で要点を効果的に伝えることもできます。

またＰＲＥＰ法は、結論で言っていることを相手に納得してもらうための説得にも適しています。論理的な展開を行い、最終的に合意してもらうというプレゼンになります。つまり、結論や論理性が重視される、ビジネスシーンでのプレゼンではＰＲＥＰ法が有利です。

◉ＳＤＳ法は「予告編」付き

一方、もう少し時間があるときの方法が、ＳＤＳ法です。ＳＤＳ法では、最初にこれから伝えたいことの概要や目次について話します。次に各部分の詳細を順番にお話して、最後に結論を持っていきます。これがＳＤＳ法です（左図）。

PREP法とＳＤＳ法の比較

	適した場面	適した内容・目的
P　Point ＝ 結論 **R**　Reason ＝ 理由 **E**　Example ＝ 具体例・事例 **P**　Point ＝ 結論を強調	ビジネスプレゼン 会議報告 調査報告など	結論重視。 なぜ、その結論なのか、という論理性が重視される場面。 相手を説得する・納得してもらう目的
S　Summary ＝ 概要 **D**　Detail ＝ 詳細 **S**　Summary ＝ まとめ	講演・セミナー 研修 製品発表 研究発表 会社説明	ストーリー重視。 結論よりも、その過程や話自体に重きをおく場合

SDS法は、プレゼンの内容について聴衆が見通しや予想ができていない場合など、たとえば、講演会やセミナー、新製品の発表会や研究成果発表、会社事業内容のプレゼンなどに適します。

SDS法を使ったセミナーの例をあげます。

セミナーの最初には「今日、私がお話ししたいのは、プレゼンの技術についてのお話です。2つの方法をご紹介して、メリット・デメリット、使い分けについて説明し、皆様に覚えて帰ってもらいます」というような具合です。

この概要の部分で聴衆の気を引いて、その後の詳細な話を聞いてもらうのです。詳細な話をしたあとは、最後に「本日お話ししたことのまとめ」をして終わります。これがSDS法です。

セミナーや新製品発表では、最初にネタ（結論）を明かしてしまうと、聴衆は「なーんだ」ということで、「もうわかったから後は聞く必要がない」と帰ってしまいます。ですからPREP法は向いていません。**最後まで聴衆に聞いてもらうためには、結論は最後に言うほうがいいのです。**

しかし、だらだらと説明していては聴衆も意味がわからなくなりますから、話の冒頭で、結論に至るまでの話の道筋を簡単に紹介して気を引くと同時に、話の流れをわかってもらう、という感じになります。

またSDS法は、論理性や説得のための方法というよりも、話の内容自体に意味がある場合に適しています。概要や結論よりも、その間にあるエピソードだったり、検討過程であったり、手法の解説といった、内容自体に聞いて意味がある場合です。ビジネスセミナーなどはその最たるものです。

◉状況・相手によって使い分ける

PREP法もSDS法もどちらも効果的な方法ですが、**内容・聴衆によって使い分けないといけません。**

先ほどの例のように、話をじっくり聴いてもらいたいような内容をプレゼンするときにはSDS法を使うことで、聴衆の気を引き、最後まで伝えたいことを伝えることができます。

一方、月例の営業会議などで早く数字が知りたい役員に対してSDS法を使うのは禁物です。役員の知りたいポイントに絞って、簡潔にPREP法を使うべきなのです。

think 6

相手の聞く気をなくす「起承転結」話法

起承転結というのは、論理構成の話ではありません。起承転結というのは「話の盛り上げ方」であって、論理的に話すための文章構成法ではないのです。

多くの人が小学校の国語の時間で、「起承転結を意識しなさい」と教わってきたと思います。その意識があるから、ビジネスの文章も起承転結を使って構成を考えようと思う人が少なからずいます。

◉論理思考に「物語」はいらない

たとえば「営業部でノートパソコンを導入する予定だが、どの機種にすべきか？」という話について起承転結を意識して話すと、こんなふうになります。

起「営業部のパソコンは何にしようか、私が検討するよう言われました。それが話のきっかけです」

承「PCのプロであるシステム部の部長に話を聞きに行けばいいと考えました。われながら頭がいいと思います。システム部長の使っているPC機種が、やはり優れているに違いありません」

転「しかし、実際に話を聞きに行くと、パソコンオタクの部長はノートだけで4台。家にもデスクトップが3台もあるらしいのです……。それもすべてメーカーが違い、一部は自作らしいです」

結「結局、部長の意見ではD社のノートがバランス的にベストということでした。営業部でもD社のノートパソコンではどうでしょうか？」

どうでしょうか。これではまるで落語です。

話としては面白おかしいのですが、部長の意見の話に終始して、なぜD社なのかの結論は説得力がまるでありません。

起承転結というのは、ストーリーを盛り上げるためのものでシナリオの技法です。論理構成と混同するべきではありません。落語や小説の構成においては、意識すべきものなのかもしれませんが、ビジネスの文章などでは、まったく意味をなしません。むしろ論理思考を邪魔するものになってしまいます。

◉冒頭に「犯人明かし」をする

ビジネスにおいては、CRFの原則を意識して文章を構成します。結論を先に伝えて、その理由を述べ、データを提示します。

先に結論が出るので、推理小説ではありえない構成です。推理小説の一行目に「犯人は○○です。DNA偽装による完全犯罪を狙いましたが、アリバイが完全でなかったため最終的には捕まってしまいます」とあったら小説としては成り立ちません。一方、**ビジネス文章であれば、一行目に犯人を書いてほしいのです。**

国語の時間の文章表現は、ビジネスのためのロジカルな文章ではなく、エッセイや小説のような感情を表現し読み物として面白いものを書くための表現方法を習っているのです。

エッセイや小説の構成と、ビジネス文書の構成は目的からして違います。起承転結は落語の話だと思って、すっかり忘れてください。

think 7

コンサルタントのプレゼンは論理構成そのもの

論理的に「伝える」実践編として、コンサルタントが使っているプレゼン構成法をお教えします。

◉シンプルな論理が強い

コンサルタントのプレゼン資料というと、趣向の凝《こ》ったものを想像すると思うのですが、意外にシンプルです。コンサルタントは、プレゼン資料そのものをつくりこむ前に論理構成を練りに練ります。

ピラミッド・ストラクチャーやＣＲＦに従って、結論は何か、その理由は何か、理由をサポートする事実やデータは何かを、「論理構成の図」にしてまとめます。ここさえ論理的にできれば、プレゼン資料はもうほとんどできたようなものです。

たとえば、「営業部で導入するパソコンはD社のものがよい」というプレゼンをするとしましょう。論理構成の図には3つの理由が示されて、それぞれの理由が妥当なものであることを示す調査データや比較表などの「材料」があります。

これを、素直に順番に、プレゼン資料に落とし込みます。

最初の1枚は、導入部分として、検討の背景、前提事項などを書きます。この1枚で表現したいのは「問題を正しく捉えていますよ」ということです。

PC導入の場合「PC導入に至った経緯、今回必要な台数、使える予算の総額、なるべく多くのメーカーを比較して検討してほしいといった上長の指示」などの基本事項をまとめておきます。

次が「結論」部分のスライドです。「D社のノートPCにすべき」という結論、そして直接の理由となる「コスト面、サポート面、仕様面において、すべてD社が有利」という理由を端的にまとめます。

その後は、それぞれの理由の説明を順番にしていきます。最初の理由は「コスト面」ですから、コスト面で有利な証拠をスライドにまとめます。

「価格の比較表」を1枚、「ランニングコスト比較表」を1枚。ここのスライドは、比較表などのデータを純粋に示したものになります。

コンサルのプレゼンのつくり方

論理構成を図解にしたもの

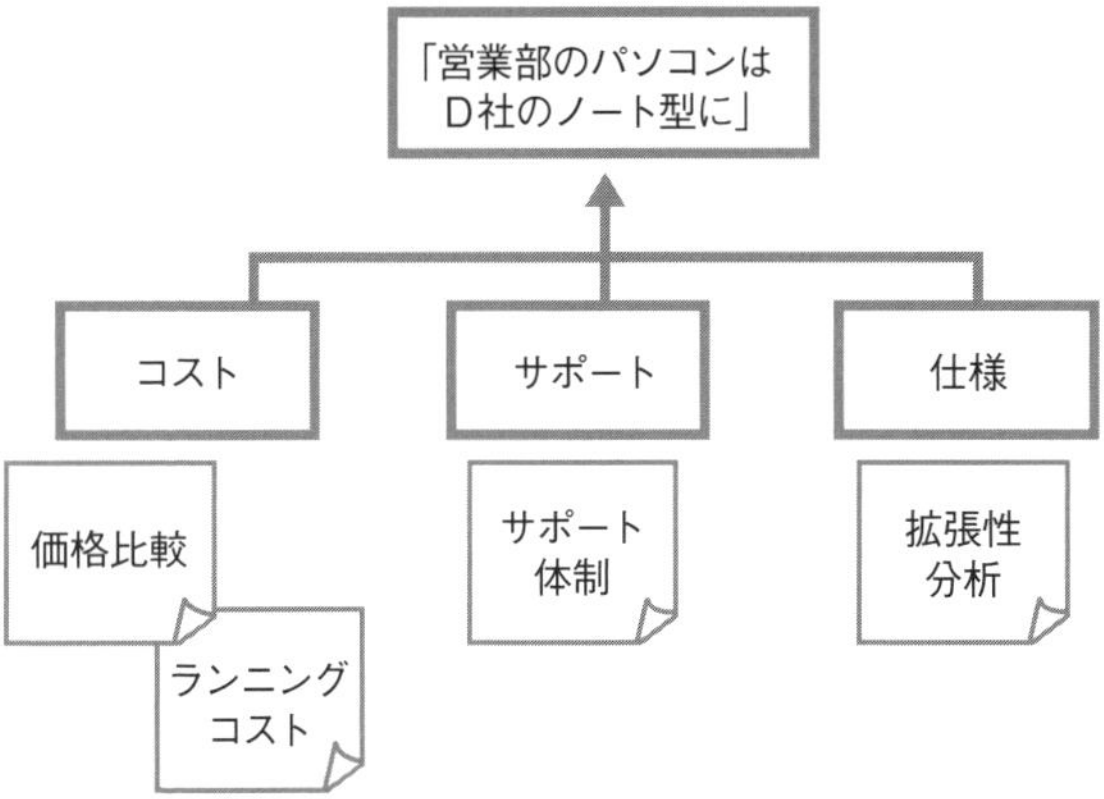

プレゼンの構成にそのまま書き下す

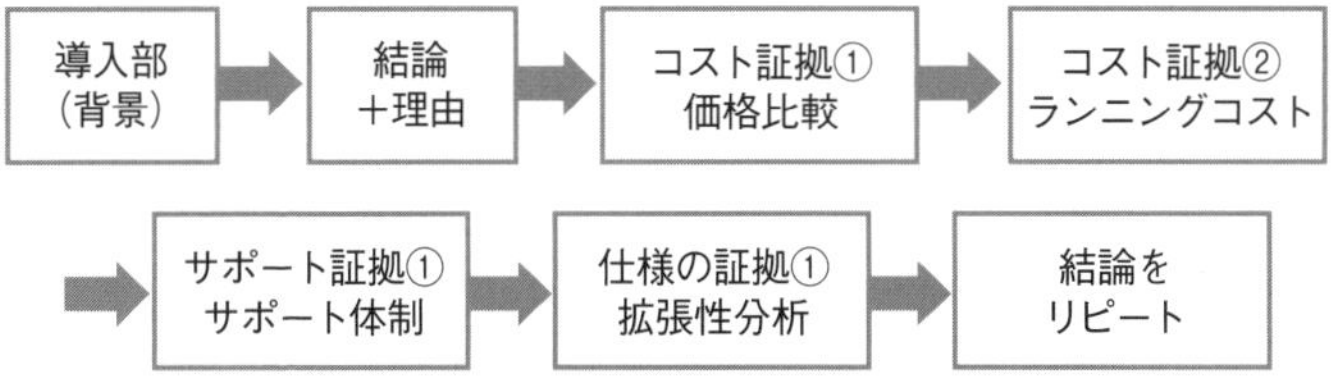

※それぞれの四角形はパワーポイントのスライド1枚に相当

原則「プレゼンの構成とは、論理構成そのものである」

その後は、２番目の理由の解説、３番目の理由の解説と続き、最後の１枚で結論を再度繰り返します。

◉成否はつくる前に決まる

プレゼンの構成法といっても、拍子抜けしたと思います。論理構成の図をプレゼンスライドにそのまま書き下ろしただけです。何か考える必要はないくらい簡単です。実はそれがポイントなのです。

「プレゼン資料の構成は、論理の構成そのものである」というのが大原則です。プレゼン資料の出来・不出来、わかりやすさ、納得性といったところは、プレゼン資料をつくる段階ではなく、それ以前の「論理構成の図」がしっかりまとまっているかどうかに100％かかっているということなのです。しっかりした論理構成を考えたならば、プレゼンにするときには、何も変えなくてもいいのです。

逆の視点で見れば、プレゼン資料をつくる段階になってあれこれ構成を考えてこねくり回す必要があるとしたら、元々の論理そのものがおかしい可能性があるといえるでしょう。

think 8

「ワンスライド・ワンメッセージ」の流れで納得させる力

コンサルタントのプレゼン資料のもうひとつの鉄則が「**ワンスライド・ワンメッセージ**」というものです。

これは、プレゼンのスライド1枚に、多くのものを詰め込みすぎないというものです。1枚のスライドで言いたいことはひとつだけに絞るという手法です。この鉄則を守ると、資料がシンプルになるうえに差し替えなどが便利です。

プレゼン資料をつくるとなると、ついサービス精神を発揮して、たくさんの図解や数字を盛り込みたくなってしまいます。

たくさんのグラフ、多くの太字・赤字の文章、吹き出し……。ごちゃごちゃしていて見づらいばかりか、どれが重要なのかがぼやけてしまい、逆にわかりにくくなってしまいがちです。

1枚1枚のスライドはできるだけシンプルにするほうが良いのです。1枚1枚はシ

ンプルにして、それを組み合わせて「流れ」にして見せるほうが、全体のボリューム
は少し増えますが、わかりやすいものになります。

◉サービス精神は禁物

具体的に、コンサルタントが使うフォーマットを解説します。
スライドの一番上には、「メインメッセージ」を書きます。このスライドで伝える
べきポイントをひとつだけに絞ってここに書きます。このメインメッセージだけを読
めば、何が言いたいのかわかるようになっていなければいけません。
メインメッセージの例としては、「営業部で想定するロースペック～ミドルスペッ
クモデルでは、D社の価格優位が顕著」というように言いたいポイントを明確にしま
す。ここにD社はサポートも有利であることや、なぜD社にするのか、といったこと
を延々と盛り込みたくなりますが、それは避けます。
もちろんサポートに対しての説明のスライドも必要で、理由づけを示すスライドも
必要ですが、それは別々の1枚にして、組み合わせて使います。このスライドは、あ
くまでも「D社が価格面で有利なことを納得してもらう証拠を出す」ということが目

ワンスライド・ワンメッセージの鉄則

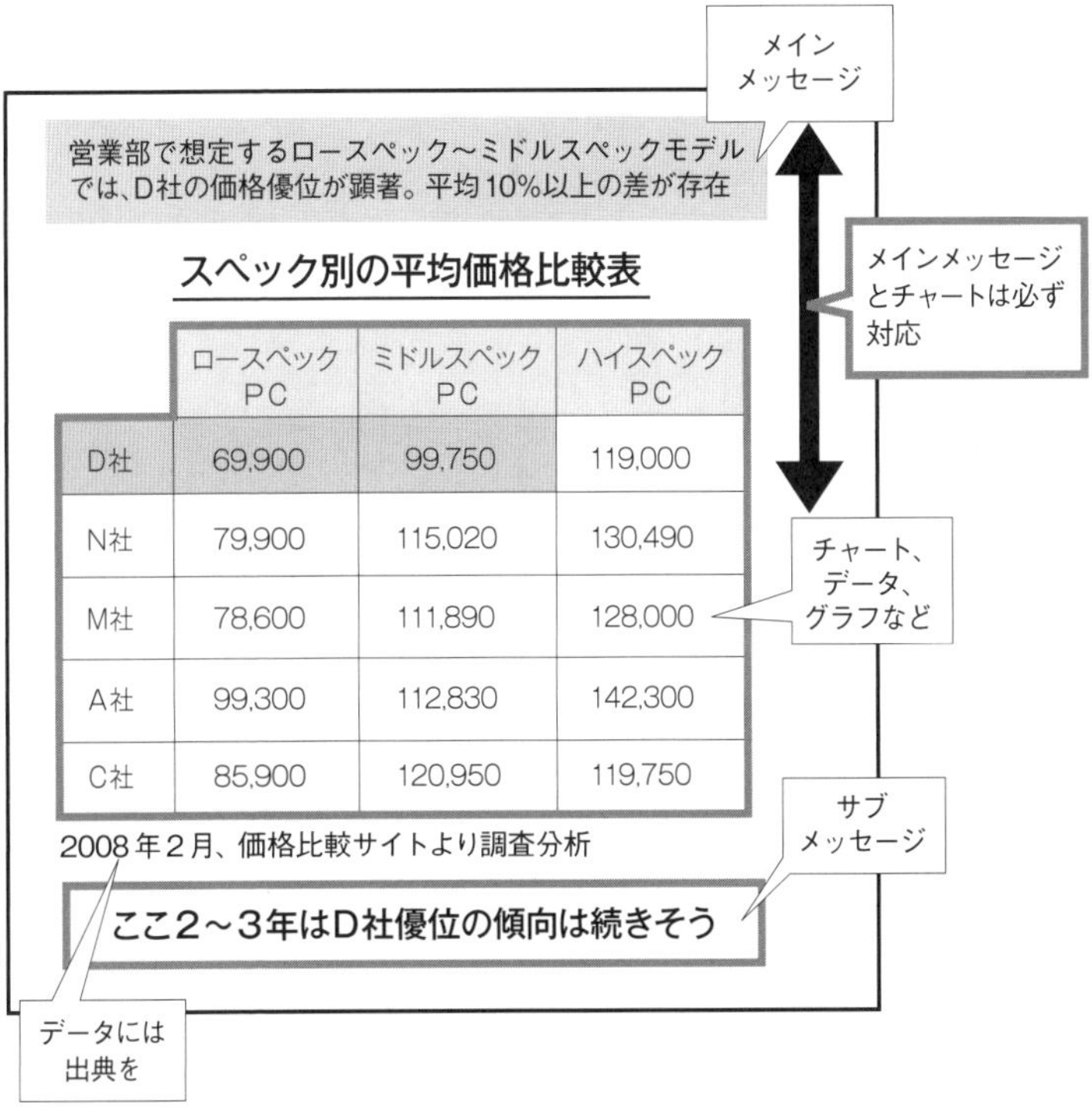
メイン
メッセージ
営業部で想定するロースペック～ミドルスペックモデル
では、D社の価格優位が顕著。平均10%以上の差が存在
メインメッセージとチャートは必ず対応
スペック別の平均価格比較表
チャート、データ、グラフなど
2008年2月、価格比較サイトより調査分析
サブ
メッセージ
ここ2～3年はD社優位の傾向は続きそう
データには出典を

	ロースペックPC	ミドルスペックPC	ハイスペックPC
D社	69,900	99,750	119,000
N社	79,900	115,020	130,490
M社	78,600	111,890	128,000
A社	99,300	112,830	142,300
C社	85,900	120,950	119,750

的なので、それに徹するのです。

資料の中央には、メインメッセージの内容を納得してもらうためのチャート（データやグラフなど）を記載します。

データやグラフでなく、表でもいいし、図解や写真、インタビューでの証言、インターネットのウェブページなど、ここは何を載せてもかまいません。ただし、常にメインメッセージに対応して、その証拠となるものを載せるというのが鉄則です。

◉つくり替え・組み替えが容易

スライドの目的は、メインメッセージを納得してもらうことにあります。

メインメッセージと関係ないデータやグラフ、写真を載せても、意味がありません。いろいろ載せたい気持ちを抑えて、シンプルにすることが大切です。またチャート自体もシンプルなものが望ましいといえます。

チャートにはたくさんの情報が含まれるため、どの部分に注目していいのか、ぱっとみて判断しにくい場合があります。

チャートが何を表現しているのか、色をつけたり、網掛けをしたり、ポイントとなる場所を強調して見せる工夫をしたいところです。

グラフやデータには「出所」または「出典」を書きます。出所は？　どこから聞いた？　という無用なつっこみを避けるとともに、あらかじめ個々の出所を書くことによって資料全体の信頼性が増します。

一番下には「サブメッセージ」がきます。これは補足事項や示唆・問いかけのようなメッセージを盛り込む際に使います。

メインメッセージ、チャート、サブメッセージの3段構成が基本です。

ワンスライド・ワンメッセージでつくられたプレゼン資料は、つくり変え・組み換えが容易です。

1枚1枚のスライドが独立していて、それぞれに言いたいメッセージが明確かつ1つだけに絞られているので、写真のスライドショーをつくるような感覚で、1枚1枚のプレゼンスライドの順番を並べ替えたり、足したり引いたりという編集作業が可能です。

過去の資料の再利用をするときにも、ワンスライド・ワンメッセージになっているとたいへん便利です。

think 9

ポイントが一目でわかるチャートのつくり方

グラフやデータなどを利用して、チャートを作成する場合があります。

チャートは、たくさんの情報が詰め込まれているため、そのチャートのどの部分に着目してみればいいのか？　そのチャートは何を表しているものなのか？　一見して判断しづらい場合があります。

◉数字にメッセージを込める

たとえば、数字が羅列されているだけの表だと、どの数字を読めばいいのか、なかなかわかりません。そこで、チャートをわかりやすくする工夫が必要です。

色を変えたり、太字にしたり、矢印で示したりと、チャートにおける注目すべきポイントが一目でわかるようにします。

表をグラフ化してわかりやすくする

営業部で想定するロースペック～ミドルスペックモデルでは、
D社の価格優位が顕著。平均10％以上の差が存在。

数字の表だけのもの

ロースペックＰＣ平均価格比較

	ロースペックPC
D社	69,900
N社	79,900
M社	78,600
A社	99,300
C社	85,900

グラフ化して、わかりやすく

ロースペックＰＣ平均価格比較

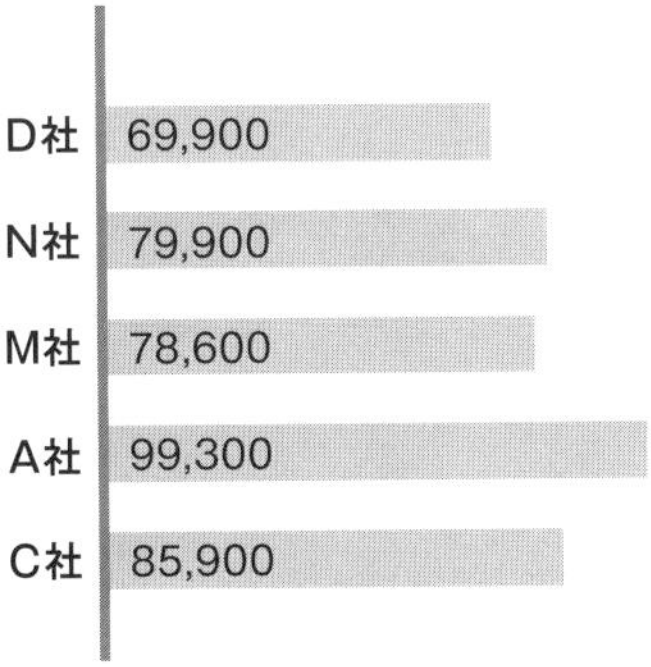

107ページの図は、チャートの改善例です。パソコンの価格比較表となっています。この表ではD社の価格が一番低いことを示しています。その部分に網掛けをして強調しています。

このままでもポイントはわかるのですが、さらに良くするためにはどうすればいいでしょうか。

◉グラフ化で見える化

数字を羅列した表だけでは、たしかにD社のパソコンが安いことはわかるのですが、どのくらい安いのかが視覚的にピンときません。そこで、グラフ化することで、さらにわかりやすくなります（107ページ下図）。

この際にポイントとなるのは、チャートを通して伝えたい内容です。このチャートの場合、「D社のパソコンが安い。しかも10％以上安い」です。このメッセージが明確に伝わるようにチャートを工夫します。

まず数字を棒グラフに直します。これだけでかなりわかりやすくなりますが、まだ十分とはいえません。D社が一番安いことを強調したいのですから、D社から安い順

グラフをアレンジして主張を「見える化」する

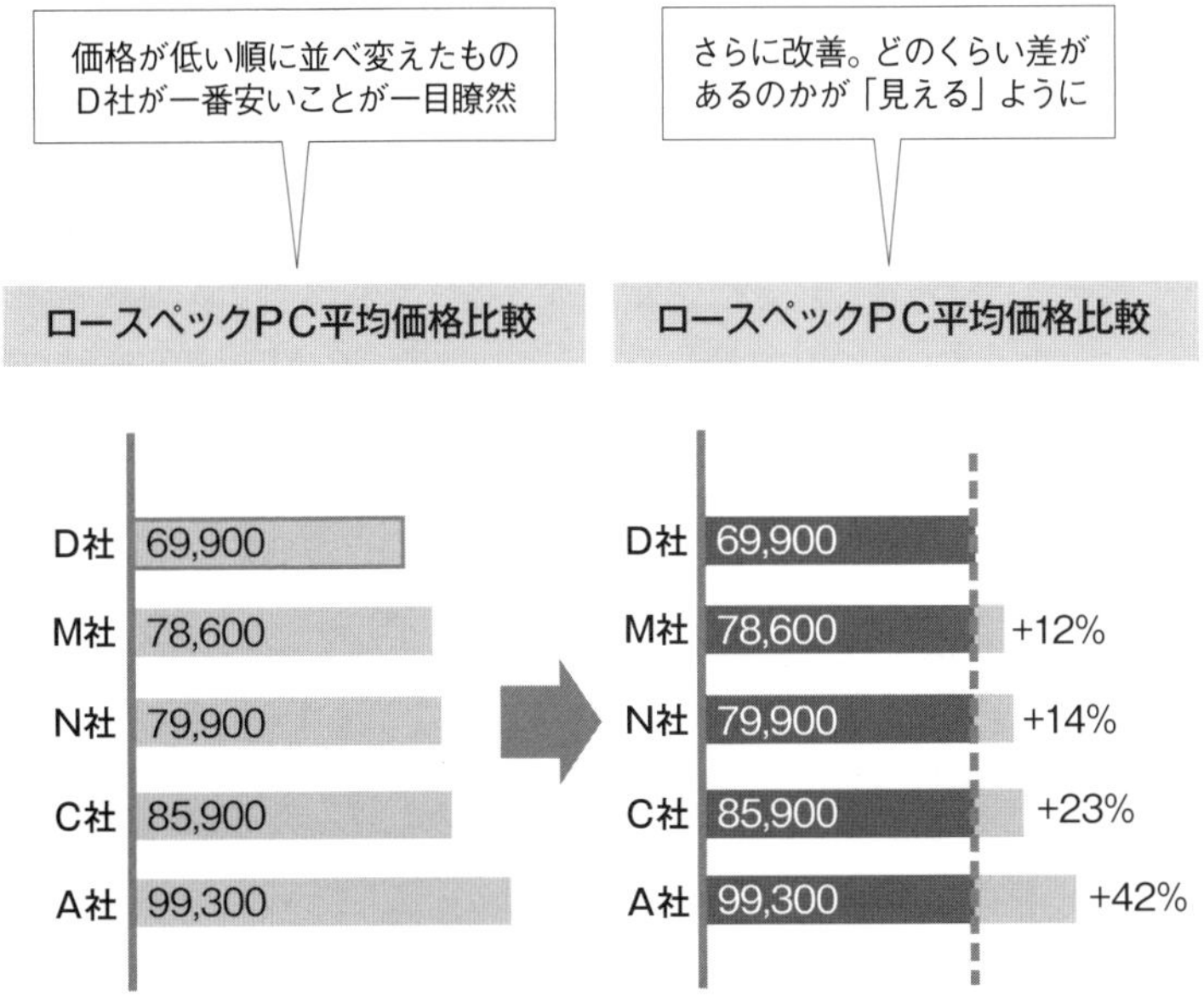

にグラフを並べ替えてみます。こうすることで、D社が一番安いことが一目瞭然になります（109ページ左図）。

◉パーセンテージの魔力

これでも十分とはいえません。安いことはわかるのですが、「どのくらい安いのか？」が一見では判断できません。

安さの度合いもわかるように、さらに一工夫します。

D社の価格に比べて、他社がどのくらい高くなっているのかをパーセンテージで示してみました。白黒で強調して、ポイントが見えやすいようにします（109ページ右図）。

ただ、チャートの見た目や修飾にこだわると、ついついのめりこんでしまいがちで、方向を見失うことがあります。

「**チャートは、主張したいメッセージを証拠づける、裏づけるためのものである**」という大原則を忘れないようにしましょう。

think 10

コンサルタントが使うキラー・チャート公開

通常の円グラフや棒グラフのほかに、コンサルタントがよく使う、効果の高いチャートを紹介します。

◉主張に合わせてチャートを変える

「**割合の変化図**」は棒グラフですが、棒の高さは変わらず、棒の内訳《うちわけ》が変化します。これは、毎年変化するものを捉えるときに便利です。たとえば、会社内の人材採用を分析して「3年以内退職者が年々増加している」などのメッセージを裏づけるのに便利です。

「**マイナスチャート**」は、マイナスのある棒グラフです。棒グラフだからといって、プラスの棒しか使っていけないわけではありません。とくにマイナスの部分を強調し

キラー・チャート①

割合の変化図／比較図

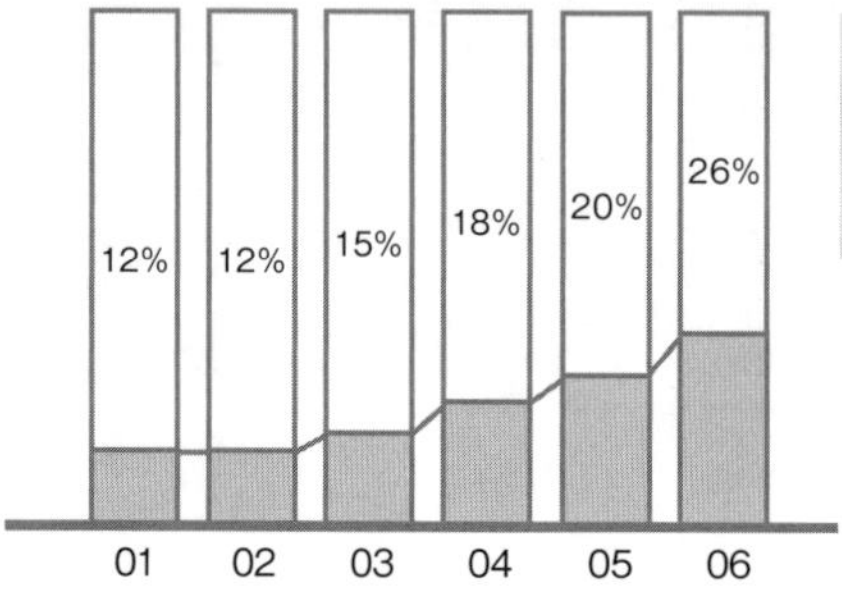

（例）
・「はい」と答えた人の推移
・「○○工式」による施工割合
・「3年未満で退職した人」比率

マイナスのあるバーチャート

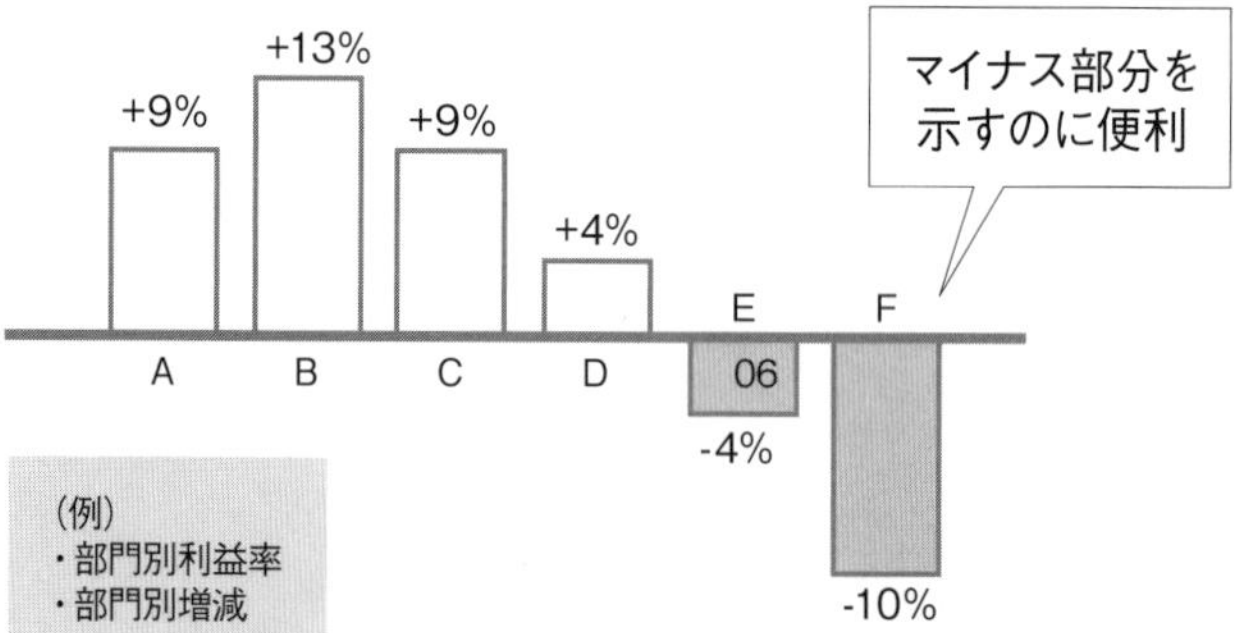

（例）
・部門別利益率
・部門別増減

たいときに使います。部門ごとの利益率などを比べたり、増減などを比較したりするのに便利です。

◉コンサルだけが使う階段型チャート

「**比較チャート**」は、２つのものをいくつかのポイントで比べる際に便利です。会社の比較や製品の比較などに使うとわかりやすいものになります。

「**レンジチャート**」は、幅のあるものを表すのに最適です。たとえば製品ラインナップやブランドごとの価格帯や、値引率などを示すときに重宝します。

「**階段型積み上げグラフ**」は、コンサルタント以外が使っているところを見たことがないのですが、とても有効なグラフです。

変化の過程を、変化の内容を明示しつつ表現できます。利益・コスト構造を分解して示す、キャッシュフローの推移などを表現するときに便利です。

このグラフはプラスだけでなくマイナスに積み上げてもＯＫです。例示のチャートは、営業赤字を資産の売却によって穴埋めして黒字を取り繕った、という様を表現したチャートになります。

キラー・チャート②

比較チャート

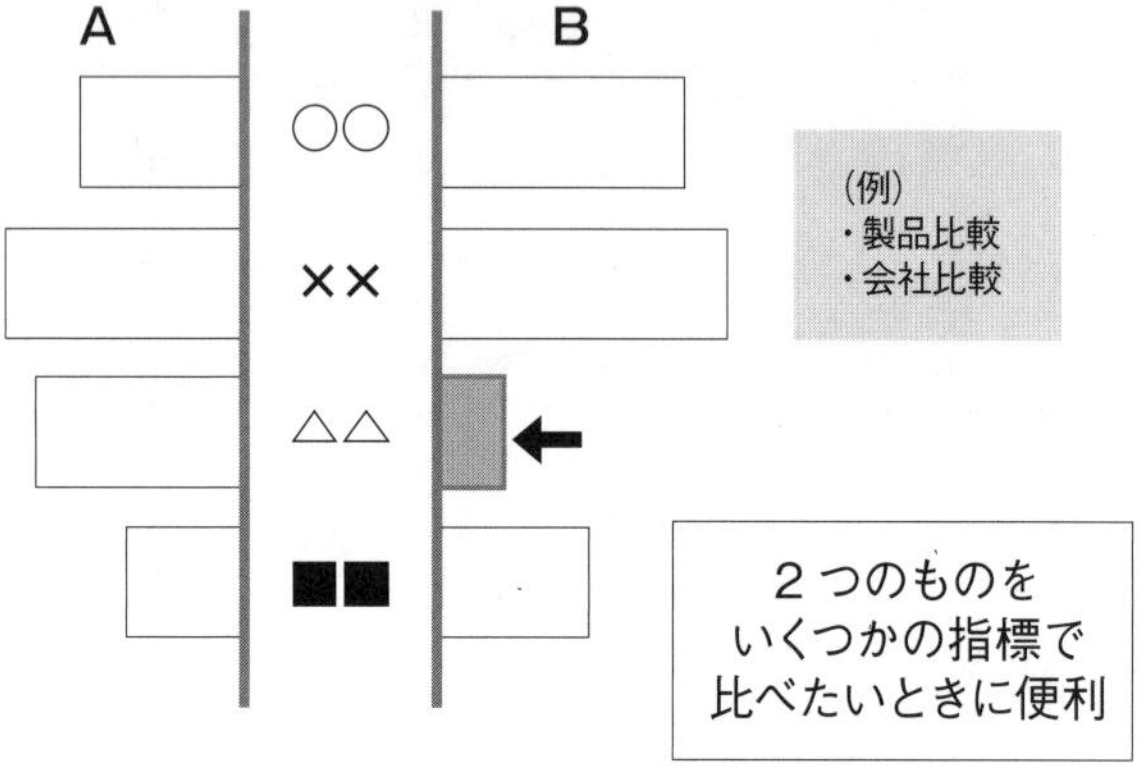

レンジチャート

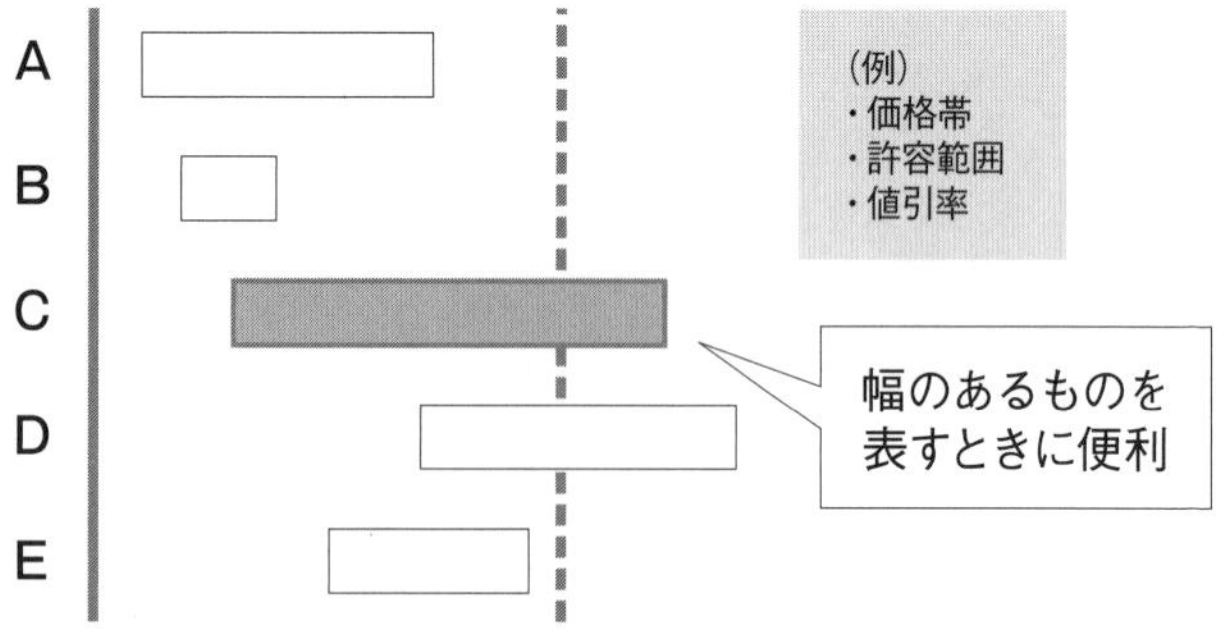

キラー・チャート③

階段型積み上げグラフ

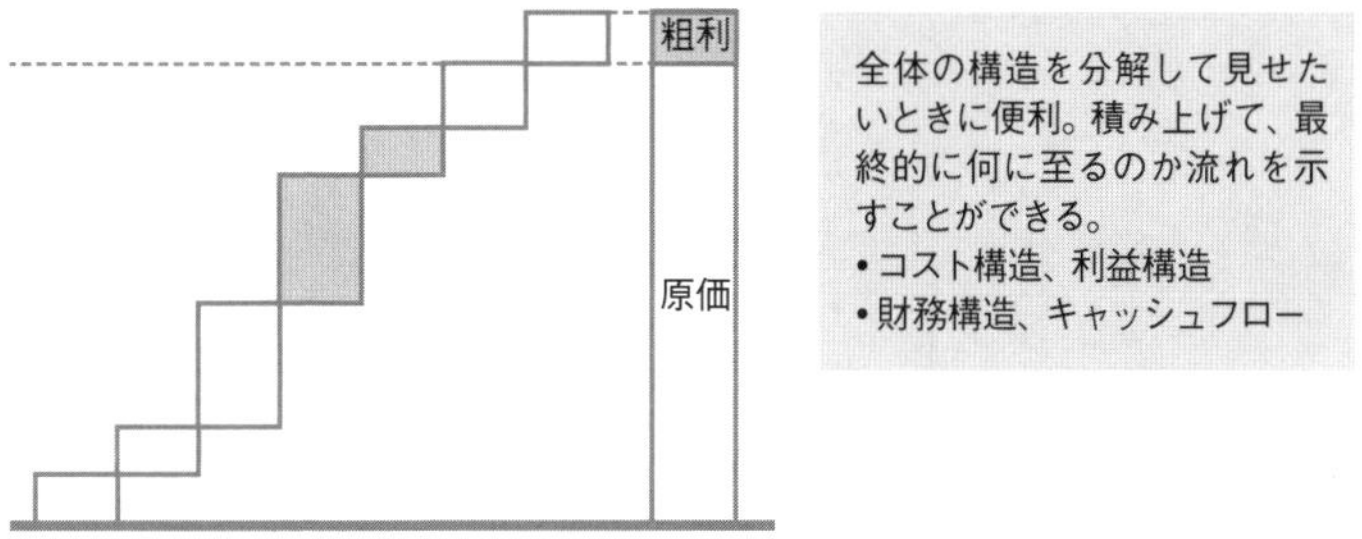

全体の構造を分解して見せたいときに便利。積み上げて、最終的に何に至るのか流れを示すことができる。
•コスト構造、利益構造
•財務構造、キャッシュフロー

階段型積み上げグラフ（その2）

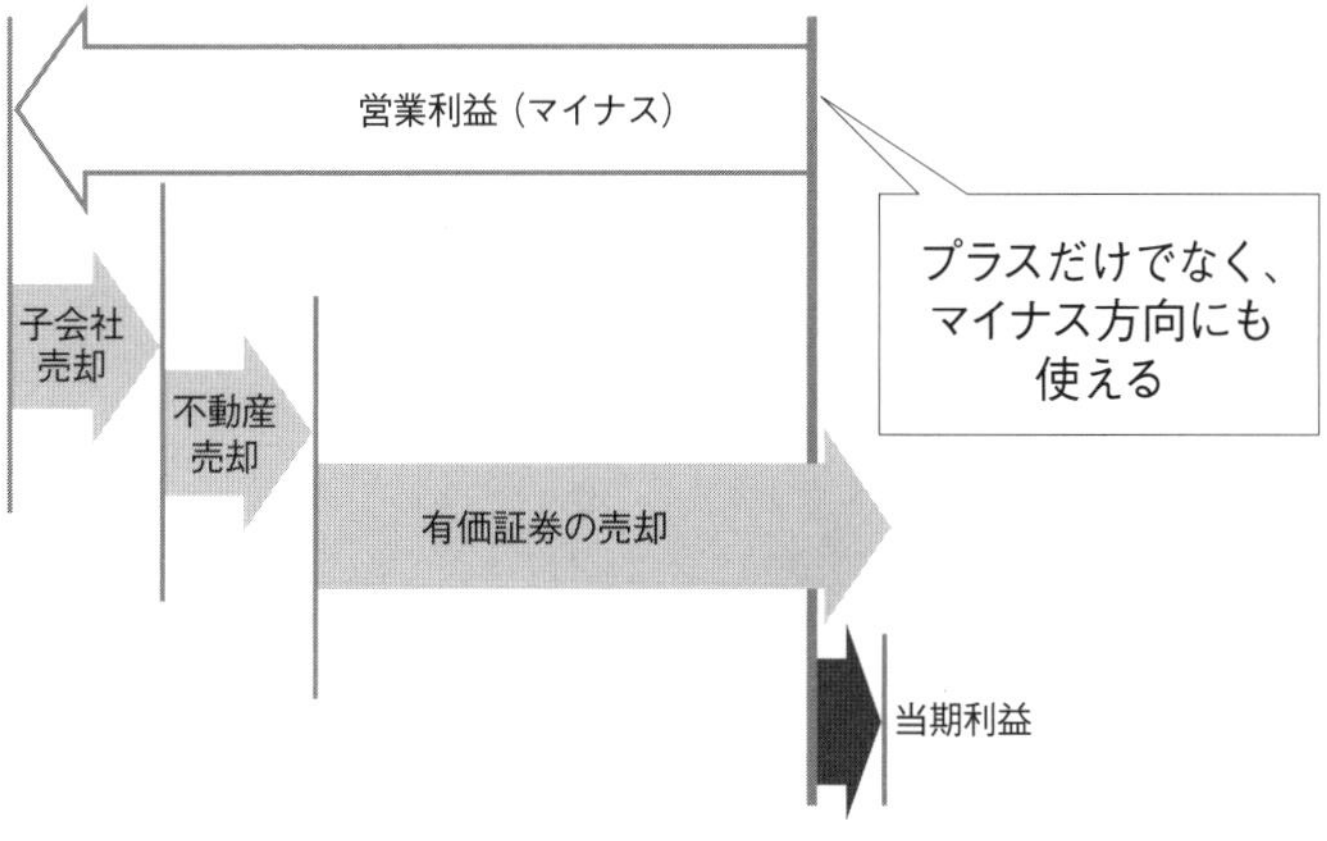

Part 2

まとめ

- 結論・理由・裏づけの3つをセットにした「CRFの原則」を頭におく。
- 結論にメッセージのない「白紙の結論」になっていないか注意する。
- 「事実」と「意見（思い込み）」がごちゃごちゃにならないようにする。
- 裏付けとなるファクトは数字で表せる定量データ＆一次情報が強い。
- ビジネスではPREP法、講演などではSDS法と使い分ける。
- プレゼン資料作成は事前に論理構成を練る。チャートの見せ方も一工夫。

Part 3

論理力を「鍛える」コツ

think

think 1

30秒以内に伝えるエレベーターピッチ

論理思考力を高める訓練で面白いものがあります。**エレベーターピッチ**と呼ばれるものです。

これは簡単に言うと、伝えたいことを30秒間に凝縮して相手に話すという訓練です。わずか30秒ですから、だらだらとしたプレゼンではまったく時間が足りません。

結論から簡潔に話し、論理も極限までシンプルにする必要があります。

◉シリコンバレーが発祥

そもそも、このエレベーターピッチですが、シリコンバレーの起業家と投資家の話からきています。

シリコンバレーといえば、多くの世界的に有名なＩＴ企業を生み出し続けている土地です。アップルもグーグルもシリコンバレーから生まれました。シリコンバレーには、何千人という起業家予備軍がいて、日々いろいろなビジネスプランを温めています。

起業家にとって重要なことは、有名な投資家から投資してもらうことです。有名投資家から資金が得られれば、一気にその会社の知名度は上がり、同時に価値も上がり、大きく成功へ近づきます。

ただ、有名投資家のもとには一日に何十ものビジネスプランが送られてきます。しかし実際に投資を行うのは、１０００件に1件ともいわれています。99・９％のビジネスプランはゴミ箱に行ってしまうという厳しい状況です。チャンスはきわめて少ないのです。

そこで、起業家が、エレベーターの中で有名投資家にばったり出くわしたとしたらどうでしょう。

もしくは、なにかのパーティーなどで偶然出会い、30秒間だけ、自分のビジネスプランをプレゼンする機会が訪れたとしたら……。

そのような一瞬のチャンスのために、30秒という時間のなかで自分の伝えたいことを凝縮するというのが、エレベーターピッチの趣旨です。

◉エレベーターピッチはＮＨＫのど自慢

では、どうしたらこのエレベーターピッチができるようになるのでしょうか？

30秒という短い間に相手に興味を持ってもらうためには、まず具体的な結論や主張から伝えないと、最初の一言でアウトになってしまいます。

ＮＨＫのど自慢のような感じで最後まで唄い終えないうちに、カーンという鐘の音で打ち切られてしまいます。

「すごいアイデアがあるのです」

「驚異的な検索技術を考えました」

という抽象的な表現では打ち切られる可能性が高いです。

コツとしては、具体的な数字や効果を織り込むこと。

「宇宙旅行を従来の１／３の値段で提供する方法と技術を開発しました」とか

「ジェット機の燃費を20％良くする触媒の特許を取得しました」

エレベーターピッチはNHKのど自慢

30 秒一本勝負
カーン！
えーと、すごい製品を開発しました。とても画期的なのですが…燃費に関する……
だめだこりゃ
起業家
投資家
宇宙旅行を従来の1／3の値段で提供する方法があります！
話を聞いてみようか
起業家
投資家

といった具合です。

その後に、いつ実現できるのか、どういう支援が必要かといったことを凝縮して述べていきます。

◉論理思考のダッシュ練習

皆さんもエレベーターピッチを使って、伝えたいことをコンパクトにまとめる訓練をしてみると有用です。

お題は何でもかまいません。自分の現在の仕事についてでもいいですし、次の長期休暇にどこに行くか、自己紹介・自分の長所や売り、といった話でもOKです。

テーマを設定して、時計を片手に、30秒間を計ってみてください。最初はなかなか難しいと思いますが、試行錯誤することが大切です。

論理思考の考え方をフル活用して、わかりやすく、興味をもってもらえるような話になるように繰り返し考えてみてください。思考とプレゼンのとても良い訓練になります。

think 2

いつ、どんなときも「理由は3つあります」

わかりやすいコミュニケーションの例として「結論を簡潔に述べて、そのあとに理由を言う」という方法を挙げました。

この話し方を鍛える方法として、かなり大胆ではあるけれども、「**理由は3つあります**」の訓練法をお勧めします。

◉「3」のときだけ納得する

やり方は簡単です。

まず、自分が一番言いたいこと、つまり結論を話します（練習なので紙に書いてもいいでしょう）。結論の部分は何でもかまいません。

結論を言ったら、次にいきなり、「理由は3つあります」と宣言してしまいます。

理由づけの部分をまだ整理していない段階で、とにかく「理由は3つ」と先に言ってしまうのです。

理由が実際には4つかもしれませんし、6つあるかもしれません。それは後で整理するとして、3つにしてしまうのです。


この「理由が3つあります話法」は、次の2つのメリットがあります。

まず、聞いているほうはとてもわかりやすい。

「その理由は3つあります」と宣言するだけで、相手の聞く気をぐっと引き寄せることができます。

最初に3つと伝えることで、「長々とした説明を聞かなくても3つだけ聞けばいいのか」という心理的な負担感を取ることができます。

「3つだけ検討すればいいなら3つ聞こうか」という心構えもできるので、理由を聞くことに意識が集中します。

これが、6つや7つだったらどうでしょうか。

「説明が長くなりそうだから適当に聞こうか」とか、何とか聞いてもらっても、4つめぐらいから聞き手は初めの話を忘れてしまいます。

かといって、理由がひとつや2つでは理由づけに乏しいと思われてしまいます。3つの理由というのが、多くもなく少なすぎず、一番よい数なのです。

◉強制的に理由を整理する

もうひとつのメリットは、理由は3つと宣言することで、**話す側も何とか理由を3つにまとめ上げなくてはいけない**ということになります。

思いつくままに理由を挙げるのではなく、頭の中で整理して、3つの理由にまとめるという思考が必要になってきます。

あまり重要でない理由を削って、理由の優先順位をつける必要があります。また、理由をグルーピングして、より本質の理由にまとめ上げる必要もでてきます。

たとえばコピー機の導入などでは、「白黒印刷だけなら1枚5円である」と「待機電力が他より少ない」といった事項はつまり、「ランニングコスト面で他製品より有利」といったメッセージにまとめることができます。

このように、理由の整理やグルーピングをして、3つの理由にまとまるようにする訓練を行うのです。

◉無茶な〝振り〟にも、とりあえず「3つあります」

実際に、とっさの際にこのようなトークを使って切り抜けることもできます。とっさの際というのは、予測もしない反論や話題を振られたりした場合です。そのようなときに、「その点に関しまして、我々は3つのポイントがあると考えています」と返すのです。

もちろん、その3つが具体的に何かはまだ考えていません。とにかく「3つのポイント……」と言っている間に時間を稼ぎ、ひとつめのポイントを考え出します。そして最初のポイントについて喋っているうちに2つめのポイントを考えて、最後は3つになるように話をまとめます。

なかなか高度なテクニックですが、そのように話すと、あたかも3つのポイントを初めから用意してきたように聞こえるから不思議です。

think 3

画期的アイデアを生み出すゼロベース思考

ゼロベース思考とは、今までの延長線上で考えるのではなく、「そもそもどうあるべきか」という本質を考える思考です。

業務改革などの場合、今までこういうやり方をしていたから、という前提を置いてそれを改善しようと考えがちです。

今までのやり方というのは、たまたま誰かがそのやり方を採用しただけであったり、何となくの慣習で続けられていたりというものが多分に存在します。

◉1件何百万円もかかる申告

どうしてそうなっているのか？　なぜそのやり方なのか？　という根本を問わずに、その延長線上で考えても過去のしがらみから抜け出せません。

たとえば、政府の手続きの例をあげましょう。税金の電子申告制度というのがあります。従来の用紙を使わず、電子的に申告ができるようにと整備が進められたものです。確定申告がウェブから行えるようになるなど、便利になった部分があります。

そこで、納税が便利になったので、他の行政手続きも電子化しようと頑張りました。ありとあらゆる申告書類を電子申告可能にしてしまったのです。なかには、法律の制定以来、数件しか申告がないようなものまで電子申告のシステムをつくり、システム構築費用を申請件数で割り算すると、一件当たり何百万円コストがかかってしまっている無駄がわかったケースもあります。

手続きの合理化や、手続きはどうあるべきかを考えずに、とにかく電子化ということだけが先走ってしまった事例です。

◉なぜ、山頂を目の前に遭難するのか

他の例を挙げましょう。

エベレストを登っていて、山頂まであと100mに迫ったとします。そこまでずっと登ってきたのだから、ということで頑張って登ろうとする。8000mの高地では

ゼロベース思考と現状改善思考のちがい

現状改善思考	ゼロベース思考

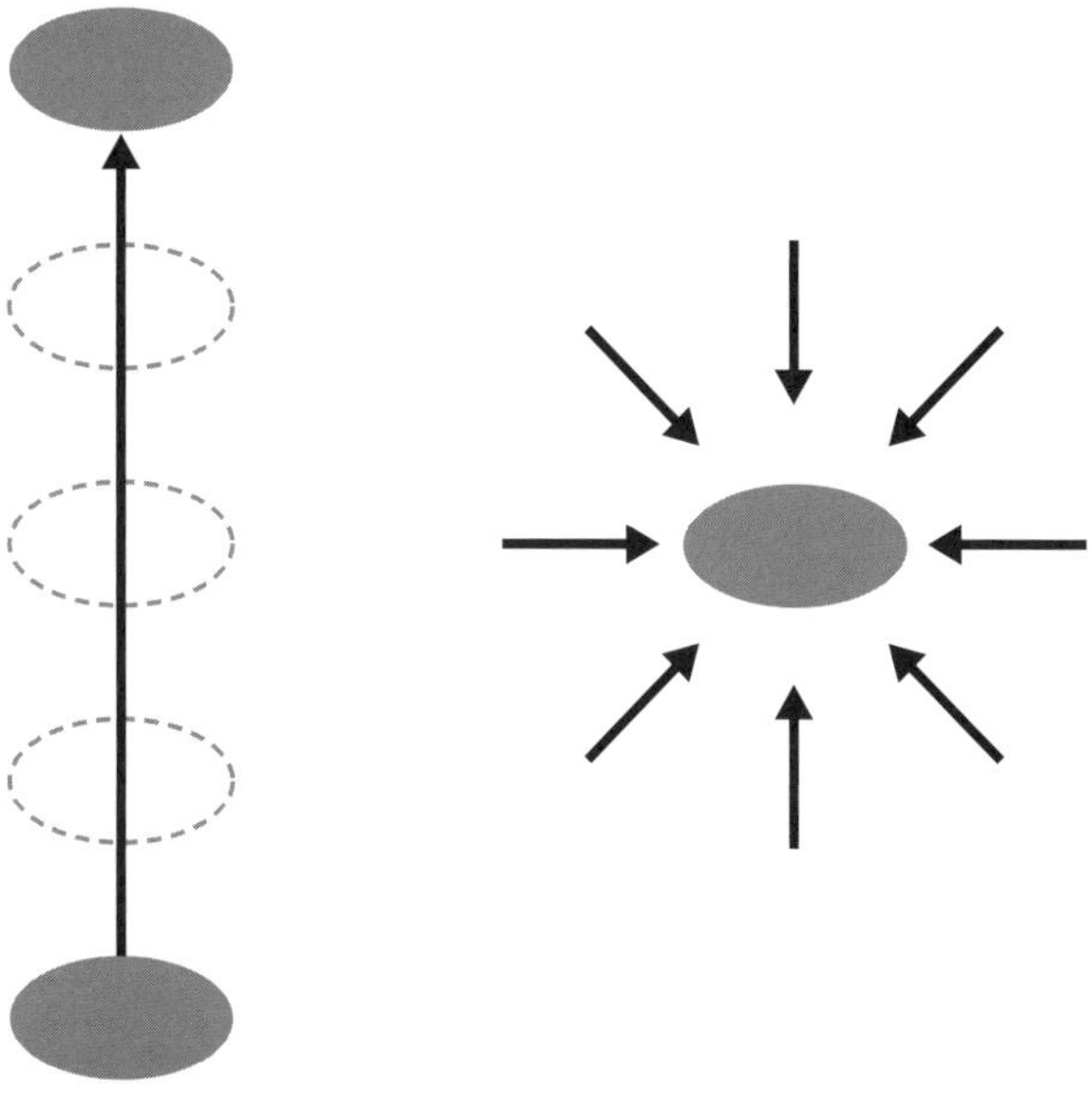

現状改善思考	ゼロベース思考
・現状の延長にしか答えがない ・最初の方向性自体に問題があると、その延長にも問題が起きる	・前提やしがらみを取り払い、白紙の状態で考える ・「そもそもどうあるべきか」という本質を考えることから始める

１００mを登るのに何時間もかかる場合があります。その結果、遭難してしまう。
１００m手前の時点で、過去の経緯を取り払って、冷静に山頂までかかる時間や残っている酸素、体力の具合を再評価していたら、撤退がベストという案が出てきたかもしれません。

改革や新しいものというのは、従来の延長線上や改善だけでは生まれてきません。物事の本質を、論理思考で捉えなおし、過去のしがらみや既成概念にとらわれず、あるべき姿を考えることが必要です。過去の経緯や前提事項をいったん白紙に戻してもう一度考える、というのがゼロベース思考です。

◉革新的ビジネスモデルはゼロベースから生まれる

デルコンピュータというパソコンメーカーがあります。非常に低価格な製品を出して、短期間に世界有数のメーカーになった会社です。

パソコンの製造には大きな問題がありました。パソコンというのは技術革新が早く、製品として組み立てて店頭で在庫として持っている間のわずか数か月の間にも時代遅れになってしまうのです。販売でミスをすると、メーカーや販売店には型落ちの在庫が余ってしまいます。これでは思い切った低価格で売り出せません。

そこで、創業者のマイケル・デルは発想を逆転させました。


「在庫が問題ならば、在庫がゼロになるようにしたらいい」


ゼロベースで問題点を捉えた発想です。在庫を持つのではなく、発注があってから組み立てればいいと考えたのです。その代わり発注があったならば、その日のうちに部品を調達して組み立てを行い、翌日には発送できるような体制をつくりました。

当然、販売方式は直販で、インターネットから顧客が直接注文する方式を基本としました。コストは下がり、非常に低価格で製品を提供できるようになったのです。

さらに、製品をあとから組み立てるので、ＣＰＵやハードディスクの容量やその他付属品を含め、顧客の希望に合わせてカスタマイズした製品を提供できるようになりました。その結果、非常に短い期間でライバルメーカーを抜き去り、世界でも有数のパソコンメーカーに成長しました。

◉「カットだけなら10分」という発想

もうひとつ例を挙げます。１０００円カットのＱＢハウスです。

従来の美容院では、シャンプーから始まり、肩をもんでくれたり、さらに床屋さんでは髭《ひげ》も剃ってくれたりとフルサービスでした。価格帯は4000円から6000円くらいで、サービスを充実することが〝善〟とされていました。

そこにカットのみ1000円で参入したのがQBハウスです。

QBハウスは単なる価格が安い理髪店を目指しませんでした。サービス全体の価格を下げるのではなく、「理髪店は髪の毛を切るところ」という本質的なところに焦点を絞ったのです。実際にフルサービスの美容院でも、髪の毛をカットしている時間は10分から15分程度です。それ以外の時間が長いのです。

だから、**カットの部分だけにフォーカスすれば、10分でカットして1000円**という価格が実現できると考えました。

単に人件費を抑えたカットなら従来もありました。しかし、カットだけに絞って1000円という割り切りをしたのはゼロベース思考です。出店もファーストフードと同じ発想で、大型スーパーや駅の中に出店したりしています。

ゼロベース思考は、単なるアイデア勝負とも違います。

QBハウスの例でいえば、通常なら1時間もかかる長いプロセスのなかで、直接カットに費やしている時間は10分で足りると捉えたところがポイントなのです。

think 4

発想の限界を超える As is TO be 思考

現状のものを改善したい場合、「**As is To be 思考**」で考えると発想が自由になります。

「As is」というのは「**現状**」です。

「To be」というのは「**あるべき姿**」です。

As is To be 思考では、まず To be から考えます。現状からスタートして、どこをどう改善していくかという思考ではなく、本来的にあるべき姿をまず描くことから始めます。

前提をいったん白紙にして、あるべき姿を描くのはゼロベース思考を使います。あるべき姿を描いたならば、ここで初めて現状を分析します。あるべき姿と比較してそのギャップを捉えるのです。現状とあるべき姿のギャップを捉えて、どのようにギャップを埋めていくかを、変革プランとして詰めていきます。

◉理想側から現実とのギャップを埋める

ここでいうTo beのあるべき姿は、企業ビジョンとは違います。

「5年以内に東証一部の上場を目指す」

「技術を通して皆が生き生きする社会を実現する」

といったものではありません。

ここでのTo beは、ビジネス上の具体的な要請です。

「営業に問い合わせても、カスタマーセンターに問い合わせても、ウェブから検索しても、同じ情報が取得できるのが必要な顧客サービスレベルだ」といったビジネス上のあるべき姿です。

現状から考えてしまうと、リソース不足や組織のしがらみなどを理由に根本的なところに手をつけず、当たり障りのない改革で終わってしまうことがあります。

To beを描いて、そのギャップを埋めるためにどうすればいいか、というところに皆の知恵を注ぐほうが創造的な議論になります。

もし、システムなどが自前で用意できないのであれば、アウトソーシングを使うと

As is To be思考

現状ありきの考え方 (As is からの発想)

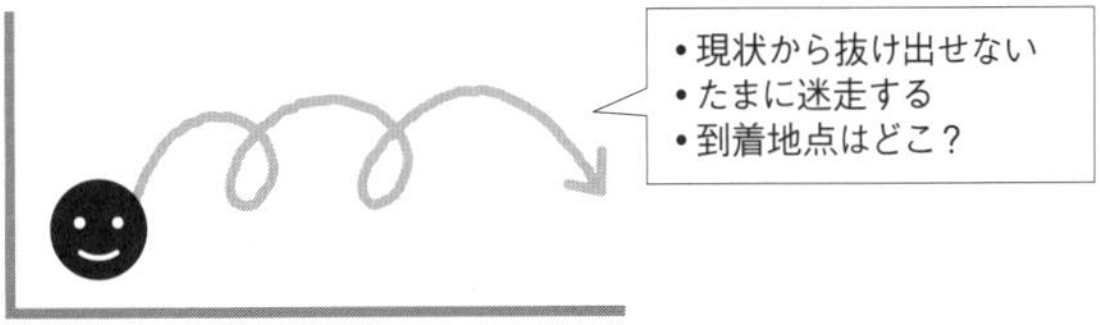

•現状から抜け出せない
•たまに迷走する
•到着地点はどこ？

To be からの発想

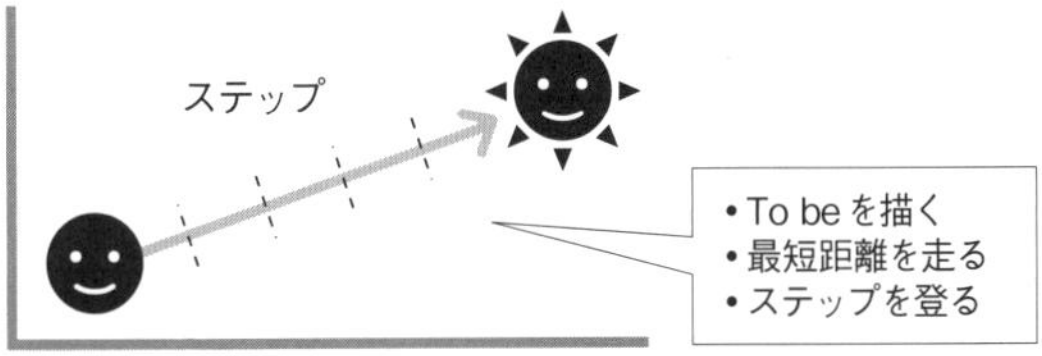

ステップ
•To be を描く
•最短距離を走る
•ステップを登る

To be 思考のステップ

ゼロベースで、あるべき姿To be を描く

↓

As is（現状）を分析し、ギャップを明確にする

↓

どうやったらギャップを超えられるかを考える

↓

To be に近づくようステップを切り、実現の計画を立てる

いう手も考えられます。製品技術が足りないのであれば、提携する方法もあります。思い切って会社をM&Aをして足りない能力を獲得する方法も考えられます。

このような思い切った手段は、現状の改善の延長からは出てこないアイデアです。To beをまず描いて、そのギャップを埋める手段を考え抜いたときに、思いもよらなかった飛躍が出てくることがあるのです。

◉As is To beで描く未来予想図

As is To beの考え方は、ビジネス以外にも応用できます。

たとえば、自分の将来像や仕事において将来成し遂げたいことなど、改革や変革を要するテーマであれば、この考え方を適用することができます。

自分のキャリアプランをto beを使って描くという例を挙げてみます。

最終的に自分がどのようになっていれば成功といえるかをイメージすることから始めます。

目指すゴールにいるときの状態を想像してみます。

「資産・収入」「どこに住んでいるか」「何の仕事をしているのか?」「どういう人に

囲まれているのか」「何歳くらいか」

単純にやりたい仕事ということではなく、生活や周りの人まで想像を広げることで、幅広い視点を持つことができます。これがキャリアのゴール、つまりTo beになります。

例をあげましょう。

将来的に大学の教授として余生を過ごそうと考えたとします。ビジネススクールの教授がいいでしょうか。研究をしながら、学生を教えつつ、テレビなどでもコメントしたい。収入は多いことにこしたことないが、好きな研究をしていきたい。といったプランがあるとしましょう。

次は、ギャップを埋める方策を考えます。**ギャップを埋めるプランは現実的でないといけません。**宝くじが当たって大金持ち……というのは現実的なプランとはいえず、アクションに結びつきません。

自分が理想とする大学教授の像と同じような人が現実にいたら、その人のキャリアの研究をすることがギャップを埋める方策を考えるヒントになるかもしれません。

ある教授は、大企業で長年役員を務めてから退職して名誉職的に教授に就任したかもしれません。若くしてなりたいと思ったらこの方法はダメです。

もう一人の教授は、コンサルティング会社で出世をして、40代で大学教授に転身したかもしれません。その方法は理想に近いかもしれません。となると、今度はコンサルティング会社に転職する必要があります。コンサルティング会社に転職できる条件は何でしょうか？

大学教授というゴールを見据えて、どういうルートをたどればそれが達成できるのかを「逆算」して組み立ててみるのです。そして、自分が今いるキャリアの地点を考え合わせて、どのようにステップを上がっていくかを検討していきます。

現状のキャリアの延長が、To be につながってなければ、根本的なところで、ズレが生じているといえます。コンサルティング会社に転職できるようなテコがないとなると、思い切った「改革プラン」の実行が必要という結論が得られるかもしれません。気合を入れて受験勉強をして、アメリカのトップＭＢＡスクールに留学するといったものです。

長期のキャリアの話をしましたが、２年後、３年後でも同じ考え方でＯＫです。家庭環境づくりや、ダイエットなどにも To be から考えるという手法は有効です。

think 5

問題解決を阻む3つのワナ

「問題解決がうまくいかない」というのは、問題を解決するためのステップがそもそもまちがっていることがあります。

論理思考を使って問題にアプローチしていないので、打ち手が適切ではなかったりして、せっかく時間とお金をかけて行った打ち手に効果が出なかったりします。

◉オウム返し上司の解決策

ちょっとした例で考えてみます。

あなたが地方のビジネスホテルの経営者だとしましょう。

最近空室が目立って困っている。どうすべきか？

問題解決ができない人の思考パターンは、おおよそ次の3つのワナにはまってしまっています。

ひとつ目のワナは、問題の捉え方です。

「空室が目立つ」というのはなぜなのか、改めて考えることをせずに、すぐに解決策を考える思考です。「空室が目立つ」の解決策は「空室を埋めるよう頑張れ」というもので、これを**オウム返しの解決策**といいます。この手の解決策は、スローガンとでも呼ぶべきもので、まるで解決策になっていません。

世の中にはスローガンのような解決策が横行しています。

「営業力を強化する」

「A製品のシェアを挽回すべく頑張る」

強化する、頑張るというだけでは精神論に終わってしまい、具体的な行動にまで落ちていきません。そういうリーダーについた部下は、具体的に何をしていいのかわからないままモチベーションだけが下がってしまいます。

◉思いつきだけでは手詰まりに

次のワナは「**思いつきの打ち手**」です。

「空室を埋めるよう頑張れ」という掛け声に対して「ならば、値下げだ」「もっと広告を強化しよう」「サービスを良くしよう。たとえば朝食無料というのはどうか」と、思いつきベースのアイデアに基づいた打ち手が出てきます。どれも一定の効果が見込めそうですが、問題の根本的な解決になるかどうかはわかりません。解決策の方向性があいまいなので、打ち手も思いつきに近いものが多くなってしまうのです。

◉全部やる、わけがない

最後が「**優先順位の欠如**」です。打ち手に優先順位をつけず「とにかく全部やるべし」という精神論になってしまうことです。逆のパターンで、打ち手をまずひとつやってみて、駄目だったら次をやる、それもダメなら次という形で、打ち手1がダメなら打ち手2を、という思考です。

この3つの思考に陥っている限り、問題解決はうまくいきません。

問題解決を論理的に行う方法を身につけることが大切です。論理的に問題にアプローチすることで、3つのワナを避けて、適切かつ、皆が納得いくような方向性を打ち出すことができます。

think 6

問題の本質を深掘りする方法

先ほどの例で、「空室が目立つ」という問題に対して「空室を埋めるべく頑張れ」という解決策がナンセンスであるといいました。

本当に効果のある解決策を考えるには、問題の本当の原因がどこにあるのか、もっと深いレベルで考察する必要があります。

◉1枚1枚脱がしていく

「ホテルの空室が目立つ」というのはなぜでしょうか？

本題の本質を論理思考で考えていきます。

他のホテルに客が取られてしまっている、ということが本当の理由ならば、競争の問題ですから、「他のホテルより魅力的な何かを提供する」というのが、解決策になります。

それは価格が安いことかもしれませんし、サービスが良いことかもしれません。

しかし、問題の本質が、もっと別のところにあったらば、結論は違ってきます。「経費圧縮の流れを受けて、日帰り出張に切り替えている」。そのため、そもそも宿泊するビジネス客自体が減っている」

ということが本質であったらどうなるでしょうか。

前提が違ってきてしまいます。ホテル同士の競争の話ではなく、お客さん全体が減ってきてしまっているのですから。

こうなると、解決策は「ビジネス客以外の需要を開拓する」ということになるかもしれません。もしくは思い切って「客室を需要に合わせて減らしてしまい、収益性を確保する」というのも考えられます。

後者の戦略はかなり思い切ったものですが、問題の本質が正しいならありうる結論です。

リストラをして収益性をよくし、体力を温存し、次のチャンスを待つというのは、多くの企業が実行した戦略です。本質を深く考えなかったとしたら、最後のリストラ案は決して出てこない案でしょう。

◉根本的な問題を探る

もうひとつ別の例を挙げます。

ある企業で、自社の市場シェアが落ちてきている、という問題があったとします。この問題をどう解決すべきでしょうか。

もちろん「一丸となってシェアを挽回」という解決策では困ります。有効な解決策を導くには、なぜ市場シェアが落ちてきているのか、深掘りをして考える必要があります。市場シェアが下がっているというのは、目に見えている表面的な現象です。その裏には、市場シェアが低下している根本的な問題が潜んでいるはずなのです。

問題解決の最大のキーポイントは、**論理思考を使って、問題の本質的な原因を明らかにしていくこと**です。そのために、仮説を立てて、データを使って検証し、どこに本質的な問題があるのか分析します。

「市場シェアが落ちている」ということに対して、営業部員の行動を分析した結果、

「各人がバラバラに動いていて、ターゲティングができていない」ということがわかったとします。ターゲティングとは市場が大きく開拓の見込みがあるお客さんを訪問できていないということでした。

これに対する対策は「もっとターゲティングを行え」ということになります。問題の解決策が少し具体性を帯びてきました。

◉空室の原因はＩＴシステム

さらに、現状ターゲティングができていない理由を深掘りします。

すると、ターゲティングのやり方はわかっているが、市場のデータが役に立たず、適切なターゲティングになっていないことがわかりました。

これに対する解決策は「正しい市場データを整備せよ」となります。

さらにそれを追求していくと、市場調査会社からのデータと自社では、エリアや品目のコードが違い、適切なデータが得られないことがわかりました。ここまでくると、解決策は当初とはまったく別の視点になってきています。

「コードの変換できるシステムを開発し、営業が適切なターゲティングが行えるようなシステムとプロセスを整備せよ」

というのが有効な解決策になります。

実は営業部の個々人の能力が劣っていたわけではなく、システム面での不整備が営業力を落としている原因になっていたのです。

問題を深掘りするというのは、このように問題の本質を捉えていくことです。**問題の本質を追求していかないと、多くの人が不幸になります。**

この場合、問題の所在がわからなければ、営業の個人個人の能力を疑うということになってしまいます。個人攻撃になってしまうと問題はこじれがちになります。

「市場シェアが落ちている」という問題に対して「一丸となってシェアを挽回」という解決策では困ります。

なぜ市場シェアが落ちてきているのか、深掘りをして考える必要があります。市場シェアの落ち込みというのは、目に見えている表面的な現象です。その裏には、根本的な問題が潜んでいるはずなのです。

問題の本質を深掘りすることが大切

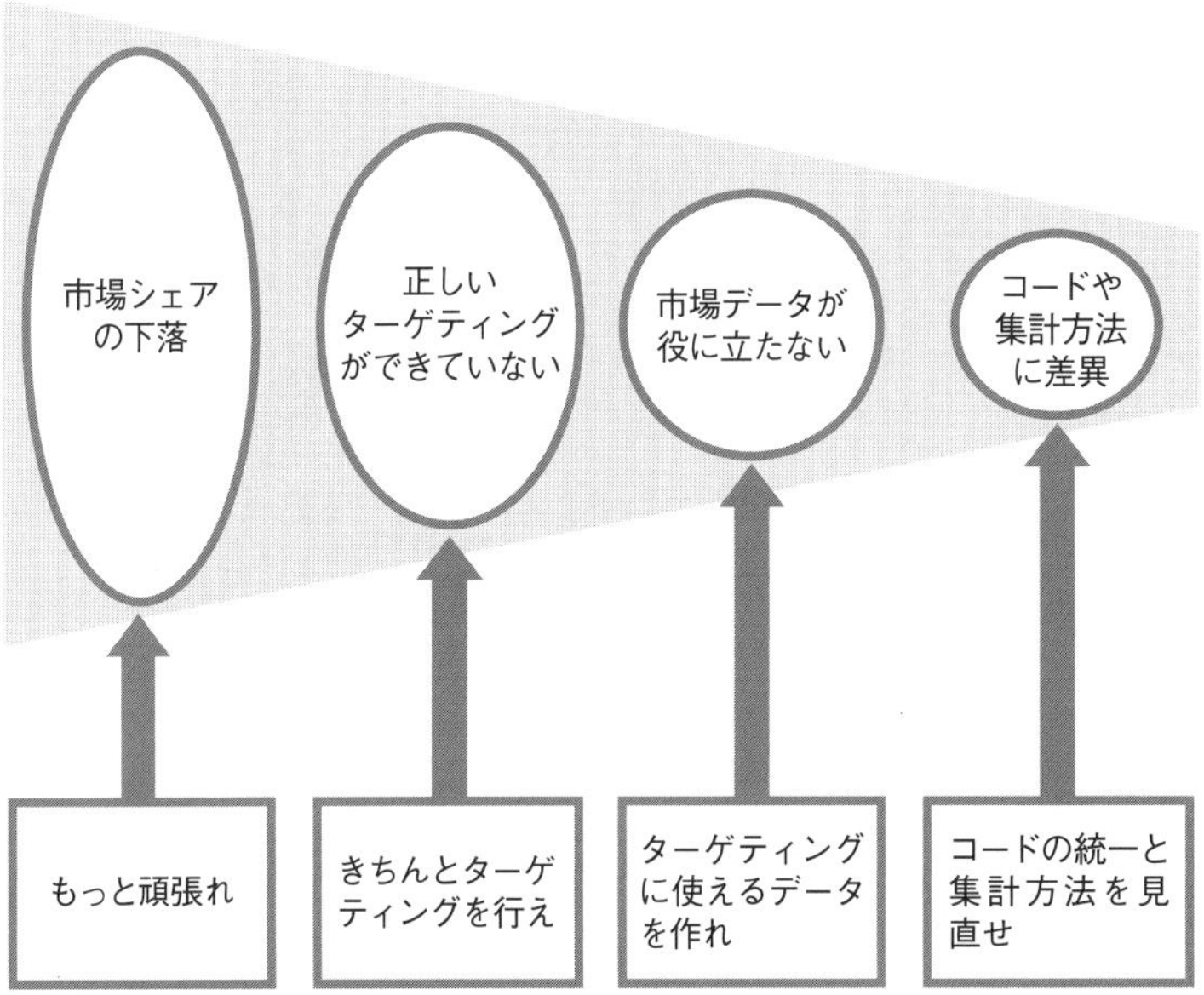
市場シェアの下落
正しいターゲティングができていない
市場データが役に立たない
コードや集計方法に差異
もっと頑張れ
きちんとターゲティングを行え
ターゲティングに使えるデータを作れ
コードの統一と集計方法を見直せ

市場データを提供しているＩＴシステム上の問題にたどり着いた

think 7

問題解決の木「イシュー・ツリー」の育て方

問題の本質を追求していくときには、原因の仮説をツリー（木）上に構成した**イシュー・ツリー**を使うと便利です。

これは考えられる原因を論理的に抜けモレなく把握するために、ツリー状にしてわかりやすく示したものです。このツリーが、調査分析をするときの仮説となります。

問題の深掘りをするときは、まずはこのツリーをつくることから始めるとよいでしょう。

◉大きな問題を細分化していく

たとえば、「利益を上げるにはどうすればいいか？」という問題があったとします。

この課題はそのまま扱うには大きすぎるし、あいまいすぎます。そこで、イシュー・

イシュー・ツリー

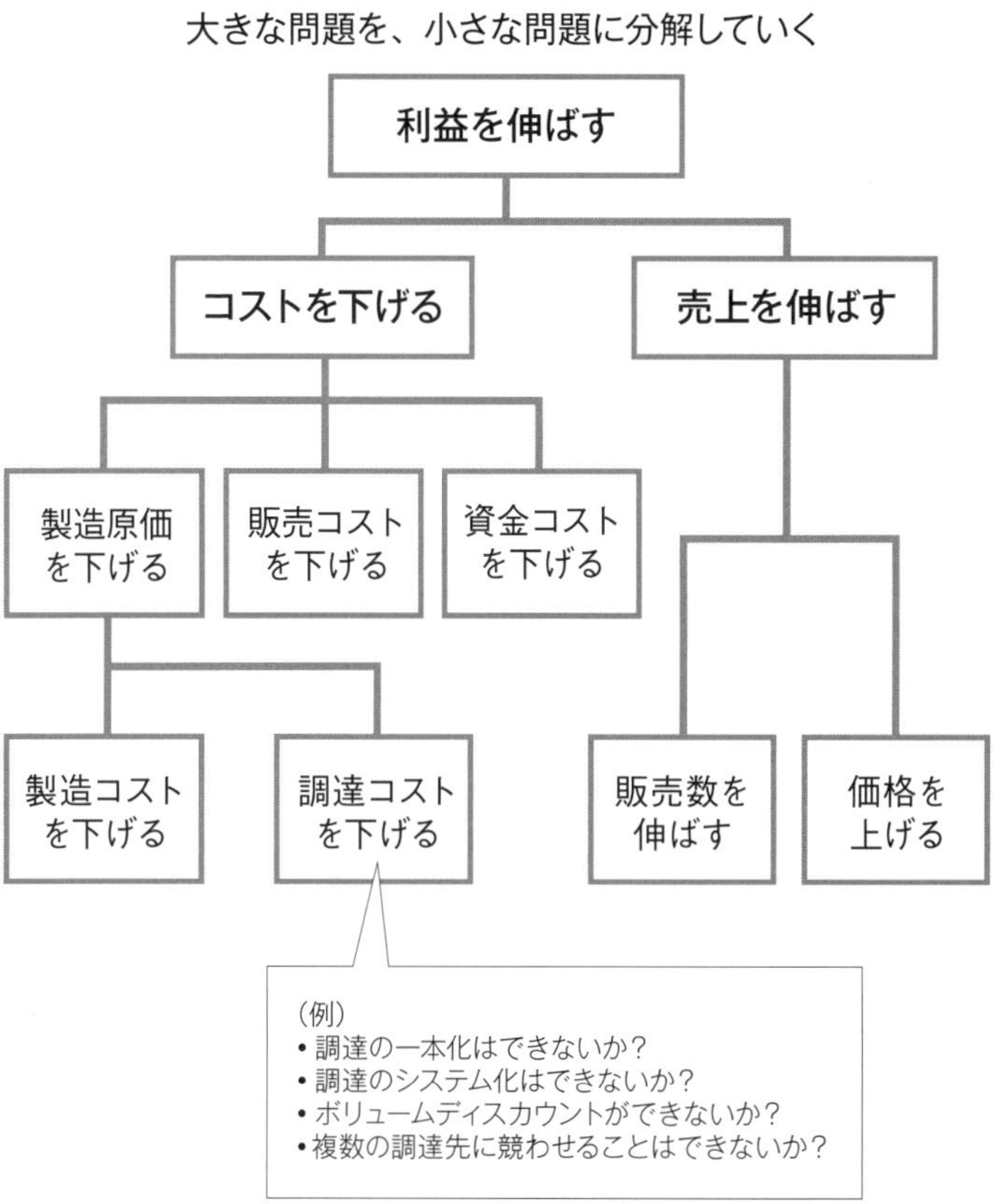
大きな問題を、小さな問題に分解していく
利益を伸ばす
コストを下げる
売上を伸ばす
製造原価を下げる
販売コストを下げる
資金コストを下げる
製造コストを下げる
調達コストを下げる
販売数を伸ばす
価格を上げる
（例）
•調達の一本化はできないか？
•調達のシステム化はできないか？
•ボリュームディスカウントができないか？
•複数の調達先に競わせることはできないか？

ツリーを使って分解していきます。

利益を上げるには、売上を伸ばすか、コストを下げるかのどちらかです。コストを下げるには……と、次々に問題を分解していきます。この際にはそれぞれの段で、抜けやモレがないようにＭＥＣＥ（154ページ）を意識します。

◉仮説でできる枝葉

これは、調査分析のための仮説に使うことができます。価格を上げることはできるのか？　調達コストを下げることができるのか？　それぞれが仮説を形成していますので、それぞれに具体的な検討を加えることができます。

具体的に検討した結果、調達コストが非常に大きいので、これを下げることができれば利益率に一番インパクトがあるということがわかったとします。

ここまで深掘りができれば、あとは、調達コストを下げるための方策をいろいろと検討します。調達の一本化ができないか？　調達をシステム化してコストを下げられないか？　複数の調達先を競わせる競争調達はできないか？

それぞれの施策の費用対効果を検討して、優先順位を検討していきます。

think 8

「なぜなぜ坊や」が問題を解決する

問題解決は4つのステップで捉えることができます。

◉4ステップで解決

最初は、「**問題の明確化**」です。現状を把握して、正しい問いを立てることが必要です。「何が問題なのか」に立ち返って、そもそもの問い自体を適切なものにします。

たとえば「営業力の低下」という表現。何をもって「低下」と言っているのか、わかりません。売上の数字なのか、利益率なのか、シェアなのか、はたまた製品力を含めた話なのか？　営業力の低下をどう捉えるかによって、解決の方向性が異なってきます。単に「営業力を強化する」というだけでは意味がありません。

最初に問いを明確にする必要があります。これが問題の明確化です。

次のステップが「**問題の根本原因を探る**」です。ここが論理的な問題解決のなかで一番重要な点です。イシュー・ツリーなどを使い、大きな問題と小さな問題にブレイクダウンします。そのためには「なぜ？」を考えます。「なぜなぜなぜなぜ？」をずっと繰り返して、問題の要因を構造化していきます。それを作業仮説として、問題の根本原因がどこにあるのかを、実際に調査・分析して突き止めます。

◉一番簡単なのは費用×効果×期間

根本原因が特定できたら、初めて「**打ち手を考える**」ステップに入ります。ブレイン・ストーミングなどで、いろいろなアイデアを出して検討するとベストです。最後は**実行プランを作成**します。すべての打ち手を同時に実行することは、予算の面からもスケジュールの面からも無理があります。打ち手には優先順位をつける必要があります。

一番簡単な評価方法は、それぞれの打ち手を、費用×効果×期間の3つで評価するというものです。費用がかからず、すぐに効果が出る打ち手をまずは実施し、効果が高いが時間のかかる打ち手を早めに着手して、全体のプランを作成します。

論理的な問題解決の４ステップ

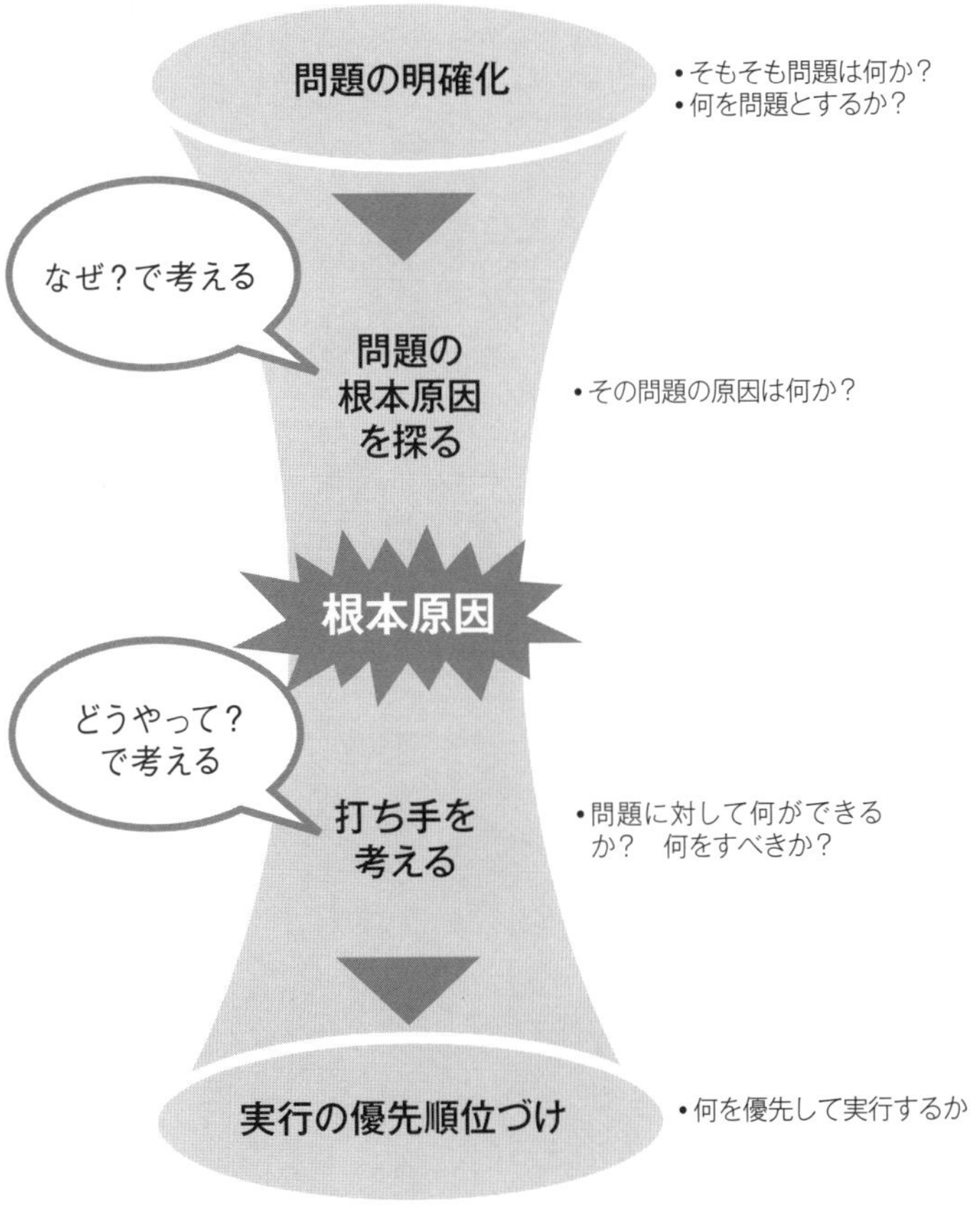
問題の明確化
•そもそも問題は何か？
•何を問題とするか？
なぜ？で考える
問題の
根本原因
を探る
•その問題の原因は何か？
根本原因
どうやって？
で考える
打ち手を
考える
•問題に対して何ができる
か？　何をすべきか？
実行の優先順位づけ
•何を優先して実行するか

think 9

MECEでモレとダブりを防ぐ

物事の全体像を捉える方法に、**MECE**というものがあります。

MECEとは、Mutually Exclusive, Correctly Exhaustive の略で、「ミーシー」と発音されるのが一般的です。そのまま日本語に訳せば「モレがなくダブりもない」ということになります。

MECEを活用することによって、正しく全体像を捉えているかどうかを認識できます。

◉「20代、OL、女性」はマズい

たとえば、携帯電話の販売強化というテーマで議論しているとしましょう。

どのような客層に対してどういう販促が効果的か？　といった話です。

MECE

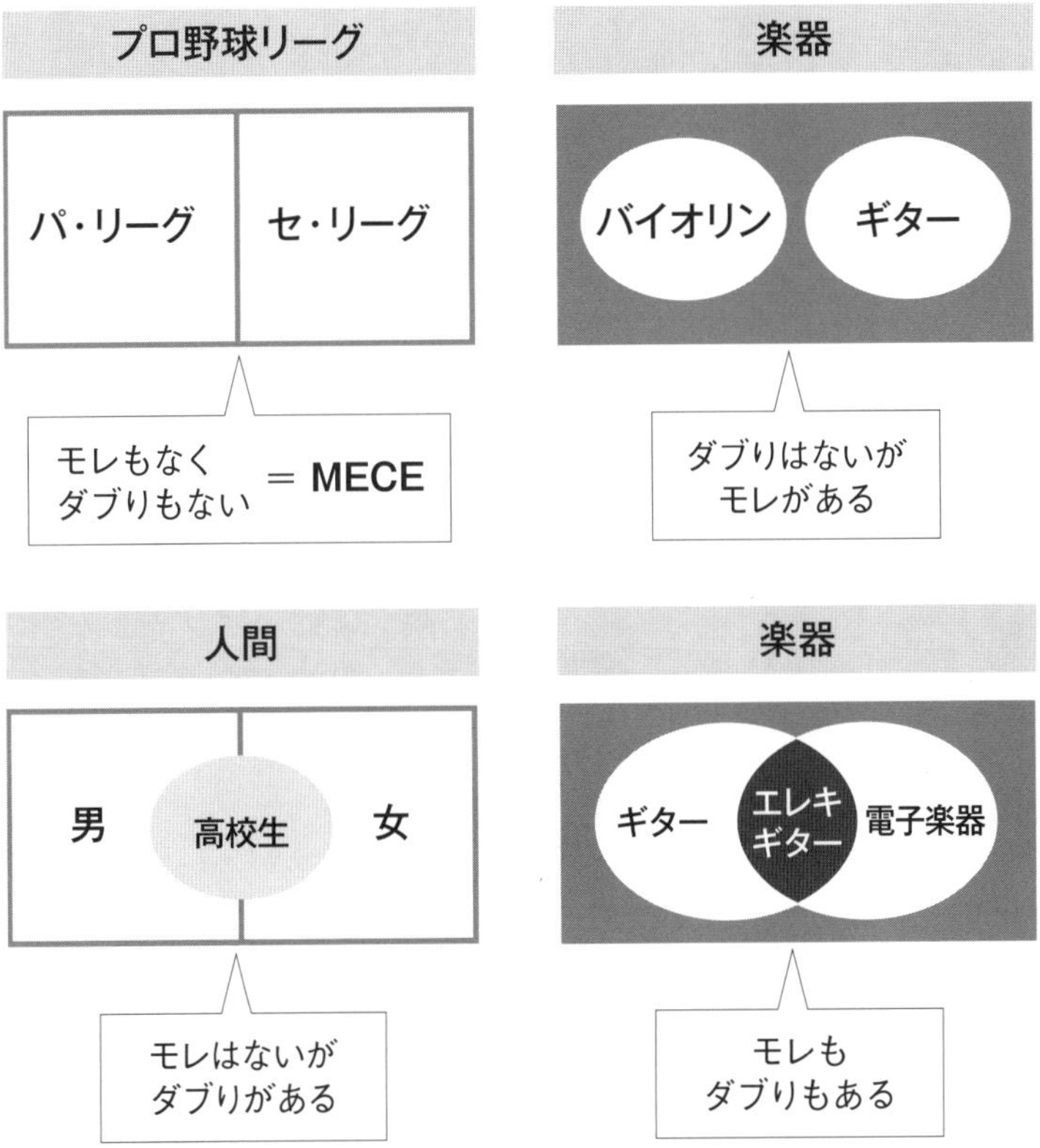
プロ野球リーグ
パ・リーグ
セ・リーグ
モレもなく
ダブりもない ＝ MECE
楽器
バイオリン
ギター
ダブりはないが
モレがある
人間
男
高校生
女
モレはないが
ダブりがある
楽器
ギター
エレキ
ギター
電子楽器
モレも
ダブりもある

MECEによるモレとダブりを認識していない場合は、思いつくままにターゲットが出てきてまとまらなくなってしまいます。携帯電話の販売は「20代若者、OL、フリーター、女性の4つに分けて考える」といった具合です。

20代にはOLもフリーターも女性も含まれます（ダブり）。また、30代のフリーターもいます。

切り口がバラバラで（年齢の軸、職業の軸、性別の軸）、それぞれにダブりが生じています（157ページ図）。もし、このような分類で販売戦略を考えていったら、まったく話の整合性が取れなくなるでしょう。

20代、OL、女性とダブっている部分に対して同じような案内を送るなど、効率的でなくなってしまうかもしれません。

◉モレを認識する

一方で、モレのほうはどうでしょうか？

携帯電話の顧客層として「男性」もいるはずです。OLでない女性もいるはずですし、50代、60代といったシルバー市場も見逃せない市場のはずです。

MECEの考え方ができない例

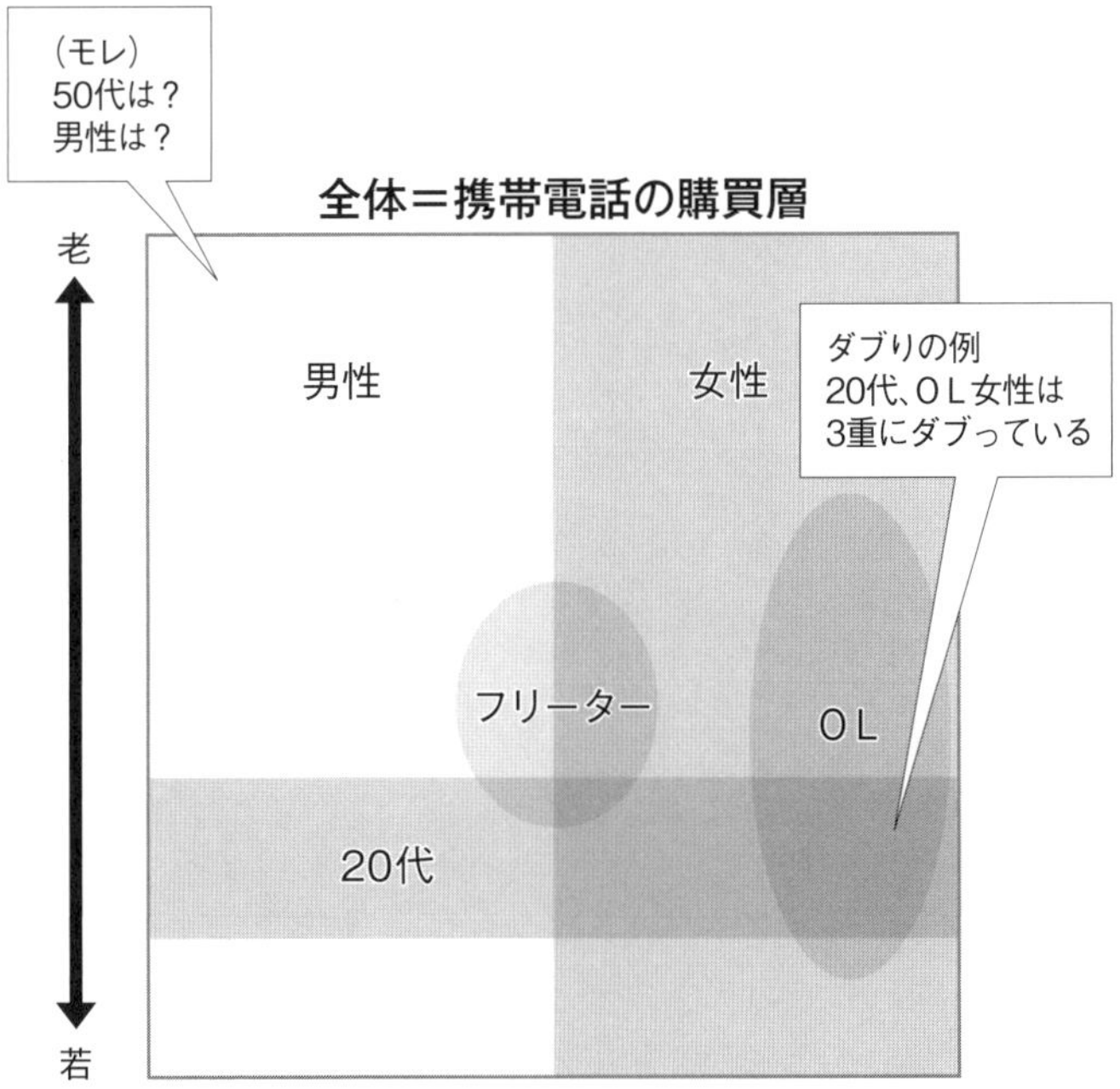

モレを認識できていないと、正しい市場の全体像を捉えることができません。もちろん、全体像を捉えたうえで、50代の市場は力を入れない、という結論に至るのはかまいません。

初めから50代を漏らして考えてしまうのと、全体を捉えたうえで結論に至るのとでは意味合いがちがいます。

◉MECEは基礎ツール

ここではマーケティングの例を挙げましたが、MECEはマーケティングの道具ということではありません。

MECEの本質は、「**全体を捉えてそれをいくつかの分類に正しく分けること**」です。

イシュー・ツリーなどで、大きな問題を小さな問題に分解したり、結論をサポートする主要な理由に分解したり、大きな理由づけを小さな理由づけに分解したり、ツリー状に構成された論理をつくる際には、MECEの考え方が必ず要求されます。

think 10

MECEで考える実践マーケティング戦略

MECEなどの全体像を把握する手法を使うと、顧客や市場を一定の切り口で分けて、グループに分類できます。これをマーケティングの用語でセグメンテーションと言っています。

◉分けて優先順位をつける

まず、どのような顧客層（セグメント）に優先的に手を打っていくべきか？　といったように「優先順位づけ」を行い、また、どの顧客層にはどのようなメッセージを伝えるか、といったマーケティング戦略を作成する際の基礎的なフレームワークになります。

それぞれのセグメントは、**MECE（モレがなくダブりがない）**にする必要がありますが、単純に年齢や地域で分けてMECEにしました、という分け方をよく見かけます。これではいくらMECEにグループ分けしたところで、意味がありません。グループに分けるそもそもの理由は何でしょうか？

それぞれのグループが持っているニーズや購買決定要因などの違いを分析することで、グループごとに商品をアレンジしたり、広告メッセージを変えたりといった販売戦略を立てる基礎にするというのが本来の考え方です。

◉意味のある切り口が大事

もし、年齢や地域といった軸で分けるならば、年齢や地域が、顧客や市場の特徴をよく表しているものでなければ意味がありません。たとえば「旅行商品」という年齢・地域に関わらず利用するような商品に対して、年齢・地域別の区切りを入れても有用な戦略には結びつかないのです。

旅行というのは「旅行スタイル」によって開発すべき旅行商品の種類や、ターゲットが違ってくる商品のはずです。

たとえば、じっくりと滞在してゆったりとした時間を過ごしたいという「リゾート

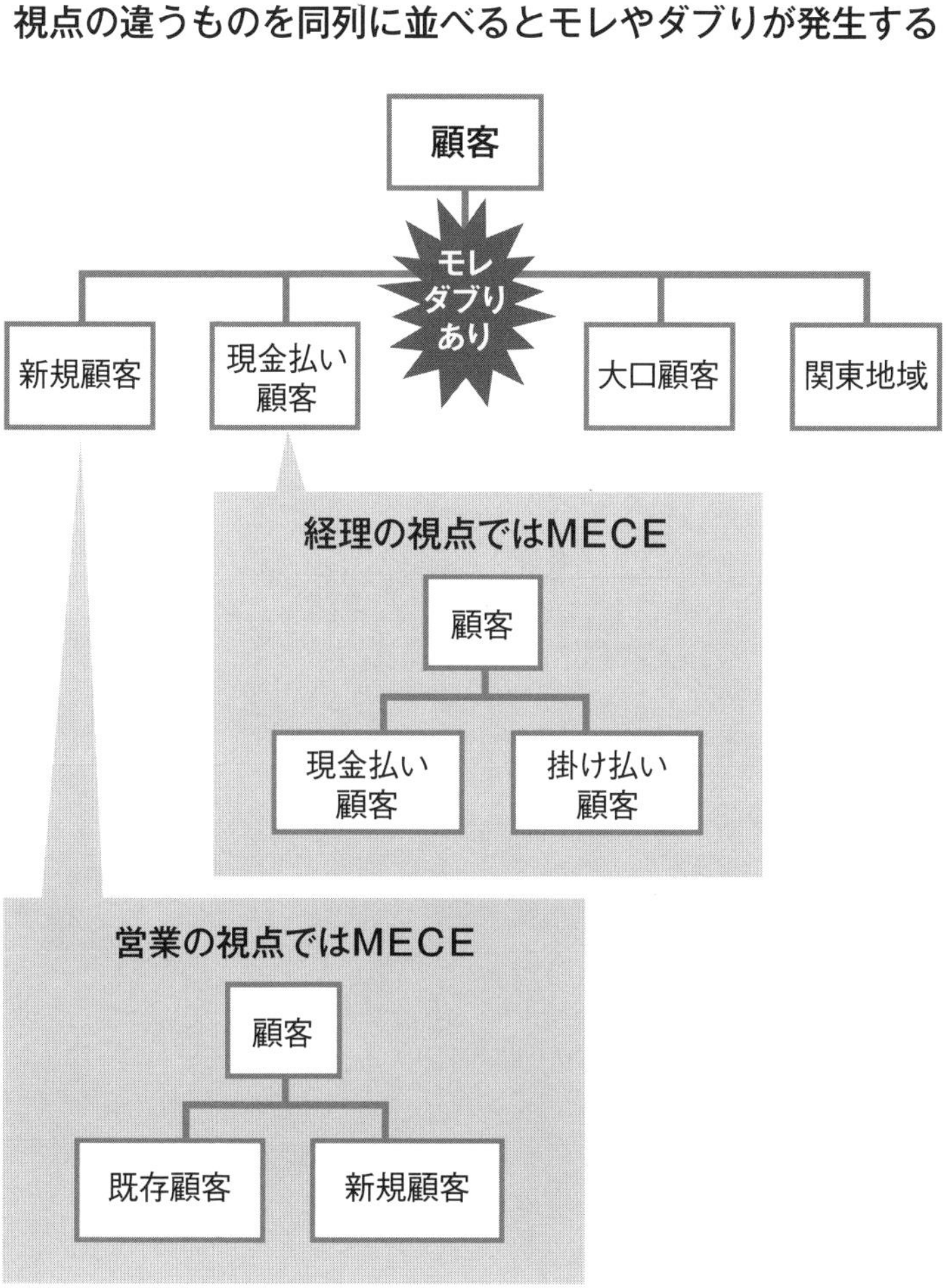
視点の違うものを同列に並べるとモレやダブりが発生する
顧客
モレ
ダブり
あり
新規顧客
現金払い
顧客
大口顧客
関東地域
経理の視点ではMECE
顧客
現金払い
顧客
掛け払い
顧客
営業の視点ではMECE
顧客
既存顧客
新規顧客

志向」、旅行は世界遺産などの名所をめぐりたいという「観光志向」、多少高くても良いものならば味わいたい「高級志向」、旅行はできるだけ安く上げたいという「バリュー志向」といった具合に、志向による分類ならば意味が出てきます。

これを「リゾート・観光軸」「高級・バリュー」軸でマッピングすると、意味のあるグループにセグメントできます。

逆に年齢が大きな意味を持つ生命保険という商品であれば、年齢が一番重要な要素です。生命保険であれば、年齢で区切ることも意味が出てきます。

このように、**意味のある切り口で顧客・市場をグループ分けすること**がマーケティング戦略の立案では重要になってきます。

旅行商品のマーケティング

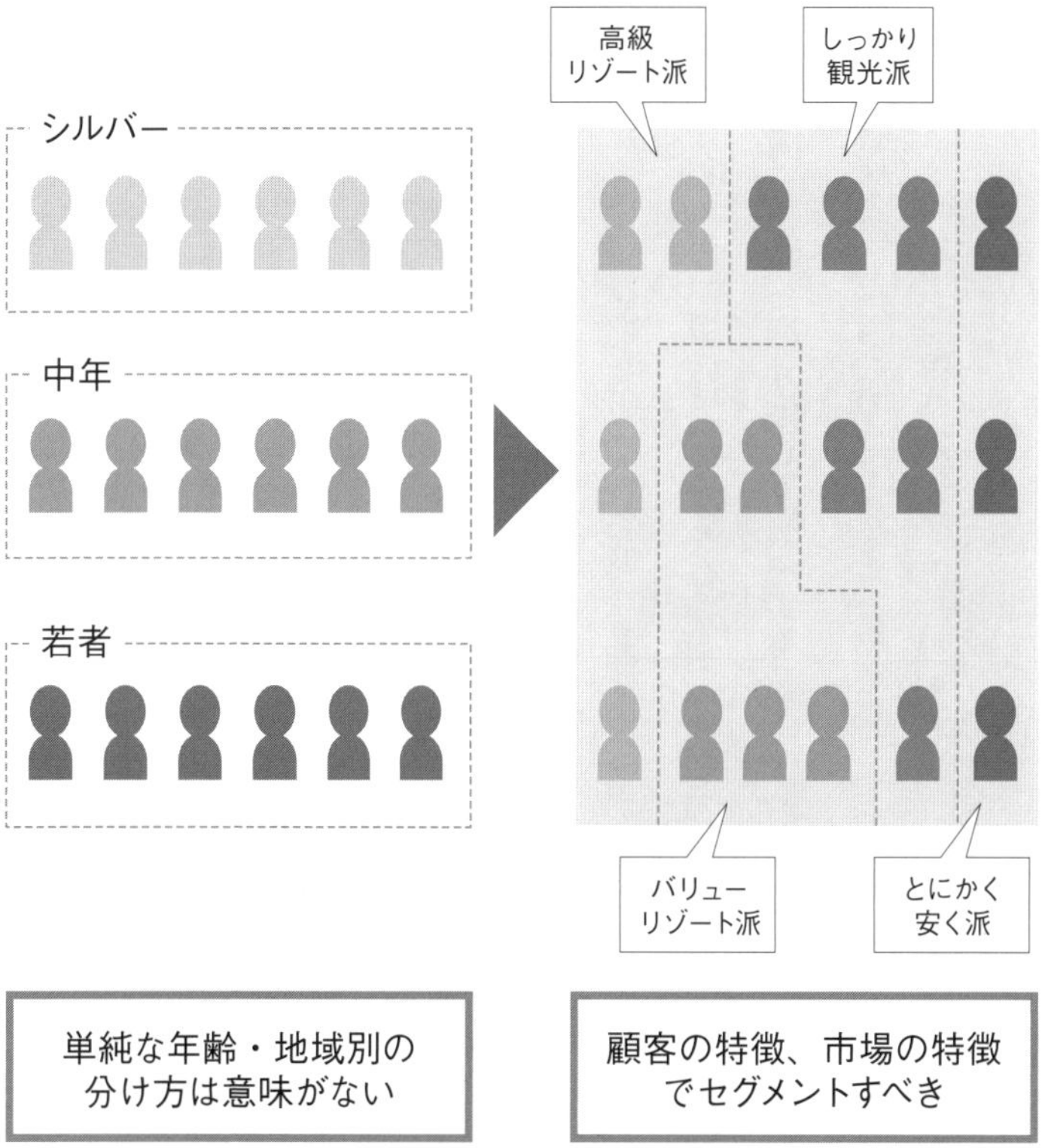

Part 3

まとめ

- いつ、どんなときも「理由は3つあります」と言えるクセをつける。
- 通例、慣例をご破算にした「ゼロベース思考」がよいアイデアを招く。
- 「あるべき姿」に「現状」を近づければ、発想の限界は超えられる。
- 「ただがんばる」「思いつき」「手当たり次第」では不幸な結果になる。
- 大きな問題は、原因を細分化して解決する「イシュー・ツリー」を使う。
- 物事の全体像は、モレ・ダブりなく捉える「MECE(ミーシー)」を使う。

Part 4

論理思考を「実践する」コツ

think

think 1

論理思考を強化するパワポの秘密

ビジネス文書を作成する際にどのようなソフトを使っていますか?

多くの人が「ワード」などの文書ソフトを使っていると思います。私を含めコンサルタントはワードを使うことはまずありません。では、何を使っているか?

それは「**パワーポイント(Microsoft PowerPoint)**」です。

「パワーポイントはプレゼン資料をつくるときだけのソフトでは?」と思っている人も多いでしょう。実は、コンサルタントの多くは、ありとあらゆる文書の作成にパワーポイントを利用しています。どうしてパワーポイントなのでしょうか?

パワーポイントは、基本的には「プレゼンテーションソフト」です。プロジェクターで投影して、プレゼンテーションで使うソフトです。パワーポイントでつくる資料は、1枚1枚が独立していて、それが何十枚か集まってスライド形式になっています。**このスライド形式というのが、論理思考をする際にとても便利なのです。**

ロジカル・シンキングと親和性の高いパワポ

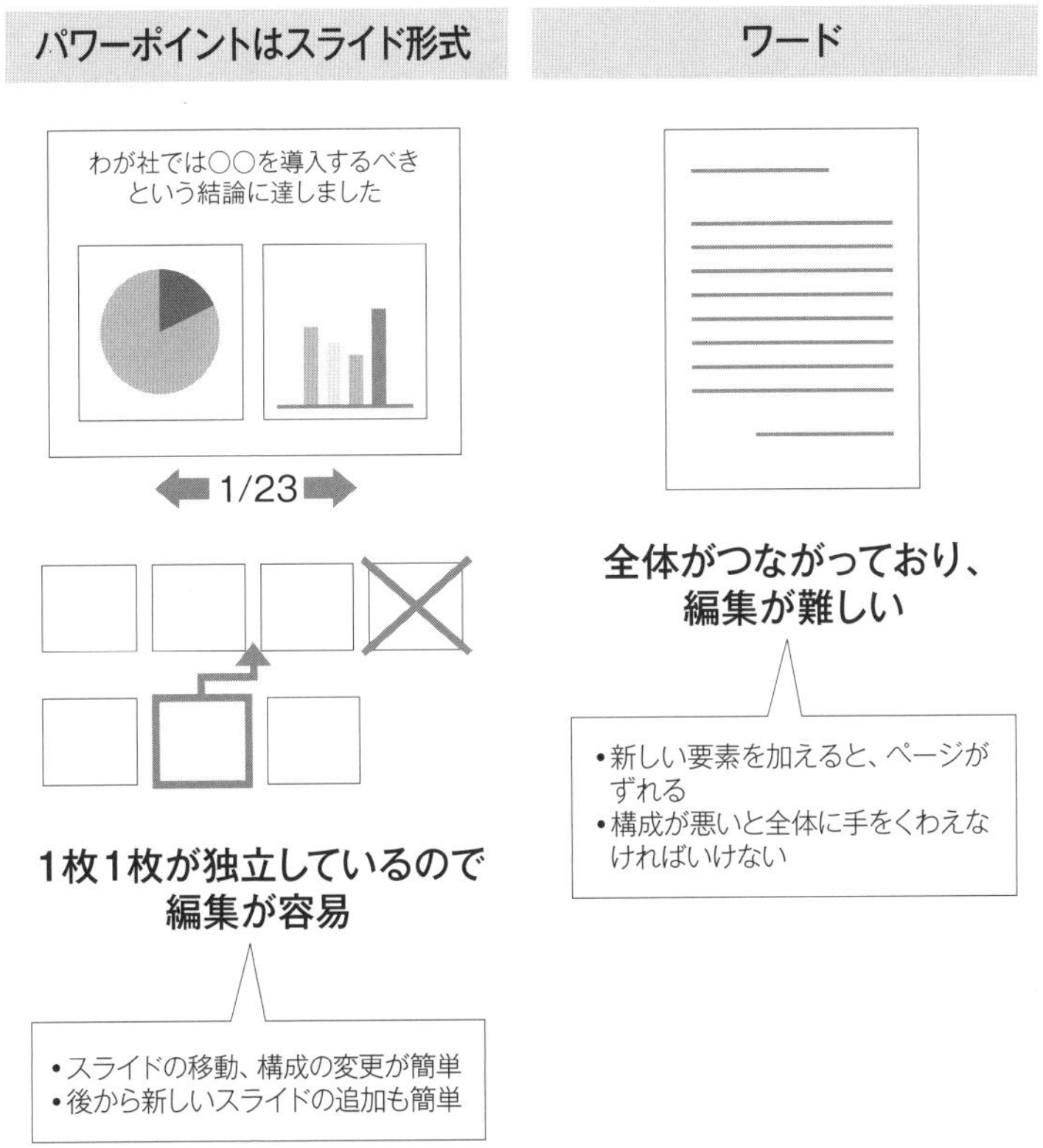
パワーポイントはスライド形式
ワード
わが社では○○を導入するべき
という結論に達しました
1/23
1枚1枚が独立しているので
編集が容易
・スライドの移動、構成の変更が簡単
・後から新しいスライドの追加も簡単
全体がつながっており、
編集が難しい
・新しい要素を加えると、ページがずれる
・構成が悪いと全体に手をくわえなければいけない

1枚1枚が独立しているので、構成を練るために簡単に順番を入れ替えることができます。説明が足りないなと思ったら、新しいスライドの追加も簡単です。逆に冗長だと思ったスライドは消してしまうか、資料の最後のほうに持っていって添付資料という扱いにできます。

またスライド形式は、ピラミッド・ストラクチャーや帰納法といった論理思考のツールと親和性がとてもいいのです。

◉思い切った編集ができる

コンサルタントは、短時間で資料を仕上げる必要があり、「社内討議向け」「部門会議向け」「取締役報告用」「納品用」といった具合に、相手に合わせて資料を編集して、いくつものパターンをつくる場合があります。この際も1枚1枚が独立しているプレゼンソフトは編集に非常に便利です。

また、隠された利点として、スライド単位で仕事の振り分けができます。複数のメンバーが協力してひとつの資料をつくる場合にも、スライド1枚単位で仕事を割り当てて、後でひとつにまとめることが容易です。

ワードを使って書く場合、なかなか思い切った編集が難しいと思います。ワードの場合、ある程度のボリュームの文章を書くと、後から手を入れるのが面倒になってしまうと思います。

◉強制的に図表やデータが入る

もうひとつパワーポイントの効果は、**図表やデータを多く使うようになる**ということです。パワーポイントですと、文章だけで全部埋めるというわけにはいきません。文章だけの報告書というのはありえないのです。図表やデータやグラフを差し込んでいかないと、スカスカに見えてしまいます。そのため、図表やデータやグラフを使って、わかりやすい資料を作成する癖がつきます。

中小企業や自治体などではまだワードが主流のようですが、是非ともパワーポイントを使ってみてください。最初は、「パワーポイントのスライドが報告書？」と思われるかもしれませんが、現在多くの企業でパワーポイントのスライドがそのまま報告書として通用しています。我々コンサルタントもパワーポイントのスライドをそのままコンサルティング報告書として納品しています。

think 2

箇条書きは使わない！ボックスの活用

アイデアを練ったり、考えを整理したりするときには、**ボックス**を活用すると便利です。ボックスというのは、この本でも多く登場している四角形の中に言葉が入ったものを指します。このボックスを使って考えを整理します。

私の場合は、プレゼンテーションソフトを使ってボックスを書いています。パワーポイントに白紙のページをつくって、四角いボックスをたくさんつくります。その中に、思いつくままにアイデアを書いていきます。

たとえば、「部下にやる気がない」という問題を整理するときは、まずボックスをつくって、その中に「目標が見えない」「フィードバック不足」などというように、思いつく原因をどんどん書き出します。

このようなアイデアの書き出しは、多くの人がやっていると思いますが、ワードやエディタを使って箇条書きにしてしまうことが多いと思います。箇条書きは、アイデ

ボックスを使って思考しよう

箇条書き

- 一度書いてしまうと固定
- それぞれの項目間の関係が表現できない

↕

ボックス

- 自由に移動可能
- 関係が視覚化しやすい
- 矢印でつなぐことができる
- 他の図形と組み合わせることができる
- そのまま資料になる

アを練るときにはあまり適していません。なぜなら、一度書いてしまうと、位置を変えるのが面倒になってしまい、**アイデアが固定化されてしまう**からです。それぞれの項目間の関係性が表現しづらいというのも問題です。「これの項目が原因でこの項目の結果になっている」という示唆を得ても、箇条書きではうまく表現できません。

そこでボックスです。プレゼンソフト上のボックスであれば、自由に移動ができますし、間違いに気づいたら、ためらいなく取り消すことができます。あとで思いついたアイデアを追加するのも便利です。

◉生産性が高まるパワポ思考

手順としては、まずアイデアをボックスに全部書き出します。そのあとは、ボックスを移動させながら類似のアイデアをひとまとめにしてラベリングします。表現が違うだけで内容が同じであれば、まとめてしまいます。

次にボックス同士の関係性を考えてみます。関係性には、**原因と結果の関連、対立の関係性、相互の関係性**の3つがあります。ボックスを実際に動かしながら、画面の左側に原因のボックスを並べ、右側に結果や現象のボックスを並べます。その間を矢

ボックスの関係を図解にしてみる

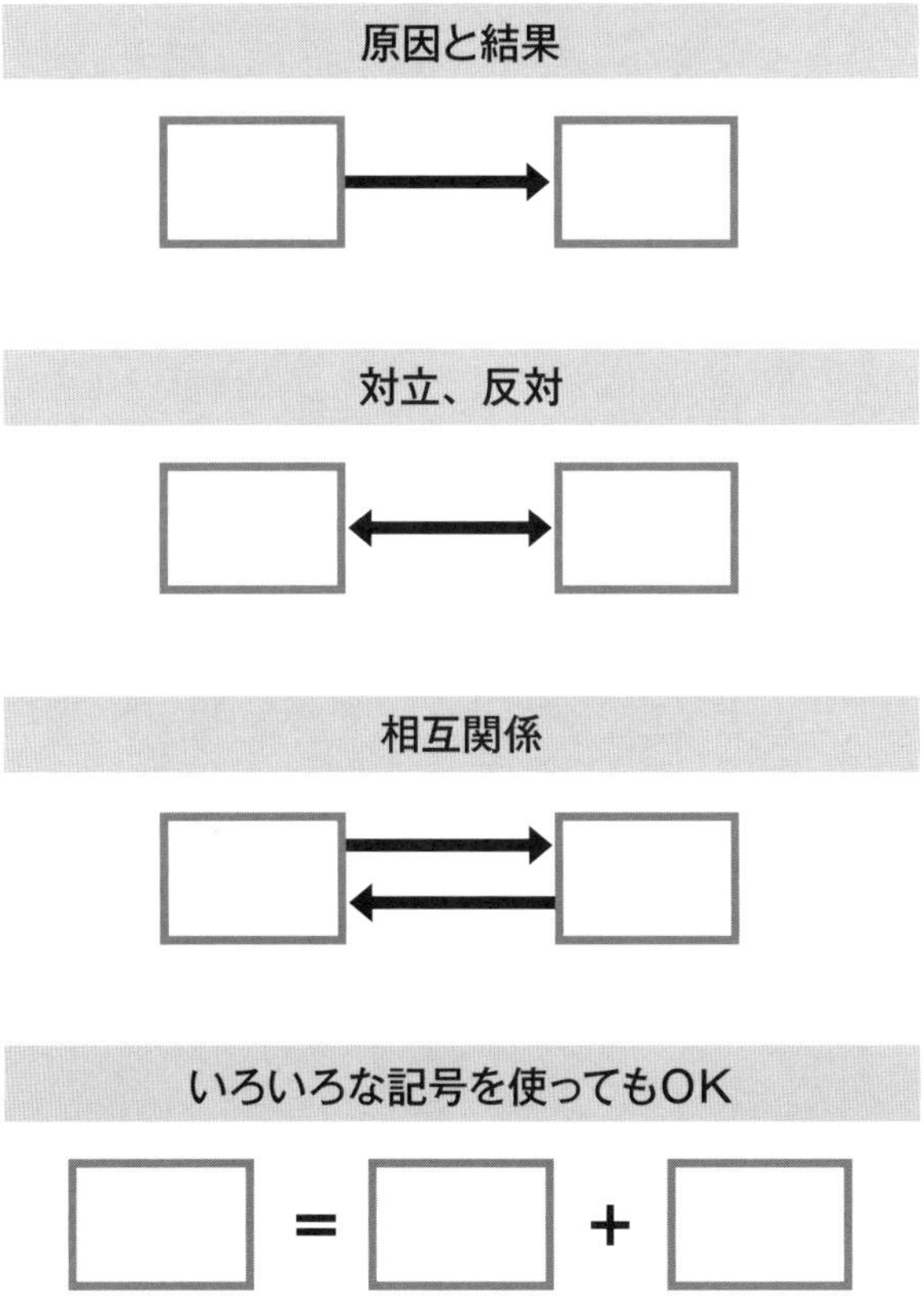

印でつないでみます。パワーポイントの「コネクタ」を使うと、ボックスを動かしても矢印はつながったままになるので、たいへん便利です。

ボックス同士を矢印でつなぐ作業はとても重要です。ボックス同士の関係が明らかになるにつれ、考えていたことの全体のアイデアが整理されてきます。タイトルをつけて、ポイントを強調して、いくつかの修飾を加えると、ほとんど完成した資料のようになります。

◉思考整理＝プレゼン完成

これらの作業は、紙に書いたり付箋などを使ったりしてもいいのですが、やはり書いたり消したりが面倒です。パソコンスキルを向上させて、なるべくプレゼンソフト上で完成するようにしたいところです。

またプレゼンソフト上で行うことのメリットは、思考が整理された時点でプレゼン資料もほぼでき上がってしまう同時性にあります。紙で書いてパソコンで清書、ではなく、パソコン上で考えて、考え終わったときには資料ができているという方式が身につくと、驚くほどに生産性が上がります。

論理思考をパワポのフォーマットに落とす

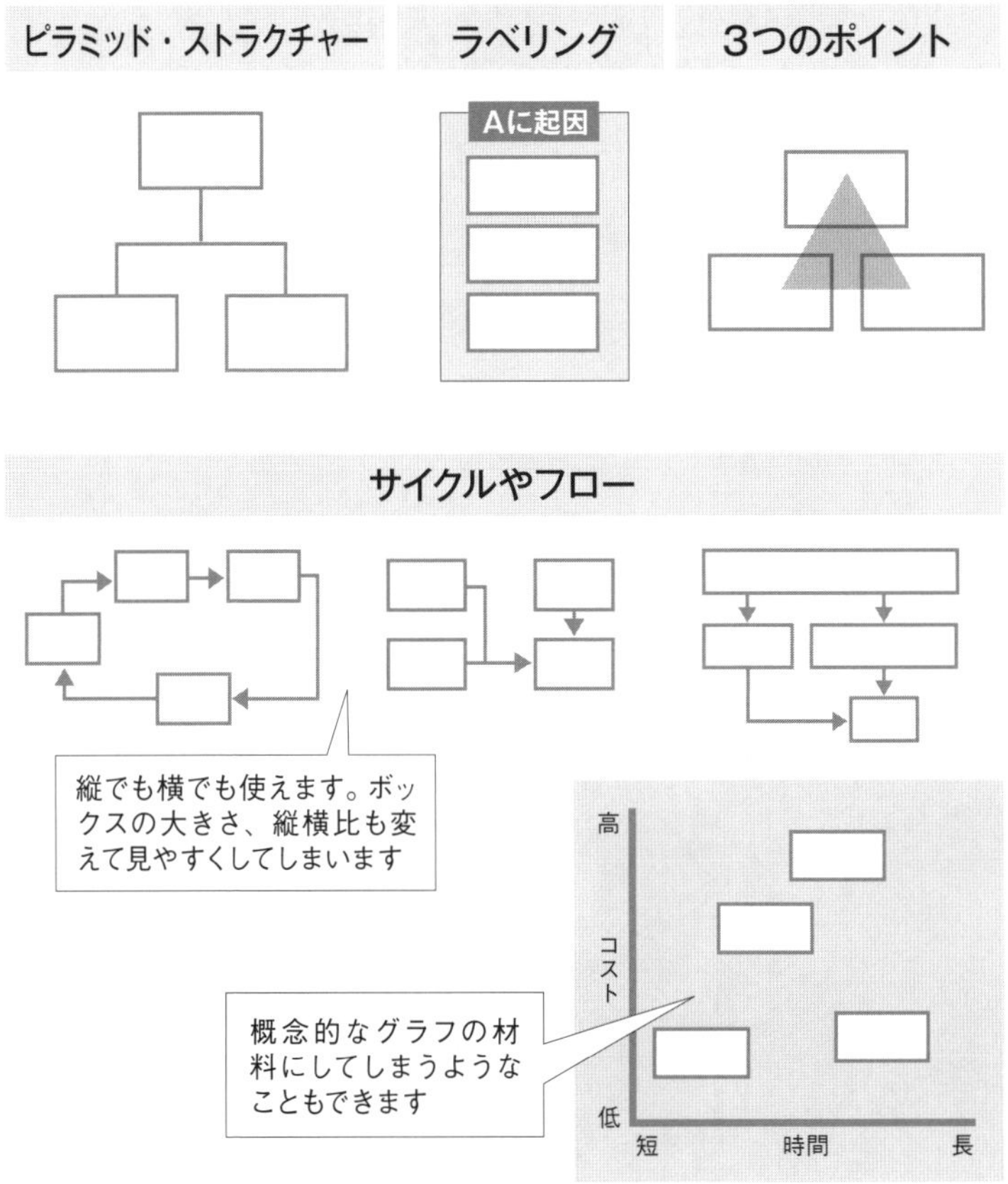

ボックスを使った思考の流れ

❶考えをバラバラにボックスに書き出す

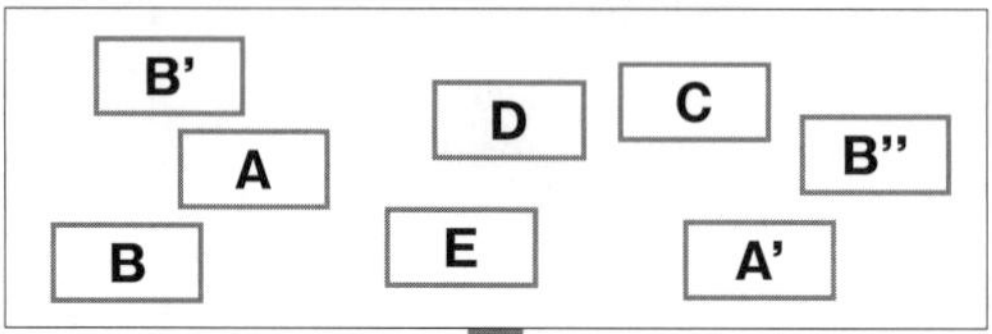

❷類似のものをグルーピング

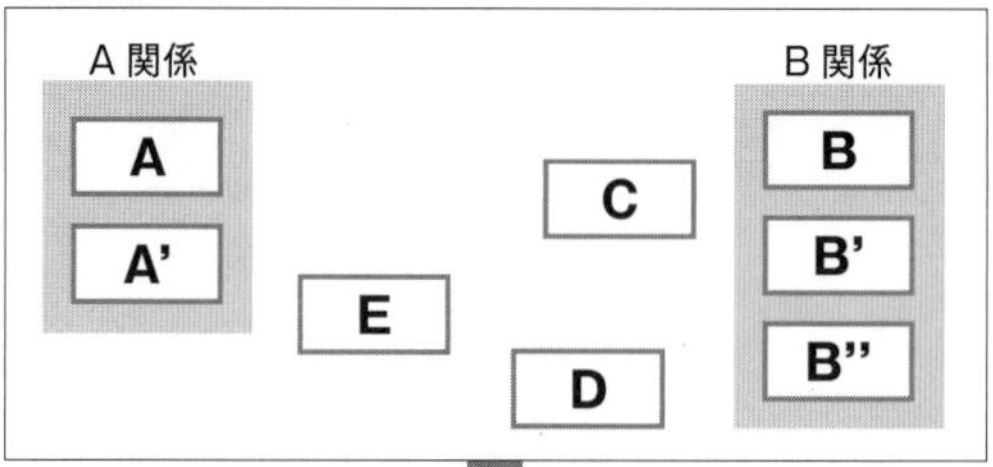

❸矢印でつなぐ、図解を入れる

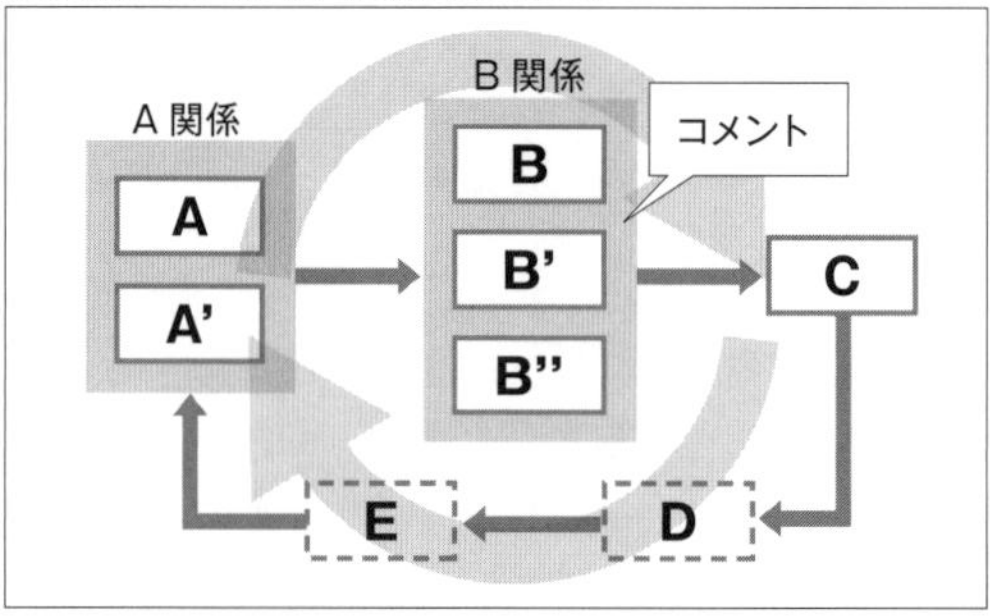

think 3

オリジナル・マトリクスで物事を整理する

マトリクスは、情報を整理するうえでの強力な武器です。マトリクスとは縦軸と横軸の座標軸を持ったグラフのようなもので、この上に情報を整理します。

有名なのが、ボストン・コンサルティング・グループ（ＢＣＧ）が提唱した、市場シェアを横軸に市場成長率を縦軸にとった**ＰＰＭ（プロダクト・ポートフォリオ・マネジメント）**です。

◉縦軸と横軸がポイント

ＰＰＭでは、市場シェアと成長率から事業を４つの象限に分けて分析します。４つの象限ごとに特徴が違うため、有効な打ち手につながります。

マトリクスは視覚的でわかりやすく情報を整理することができるため、非常に便利

コンサルタントが好む2×2のマトリクス

例：PPM

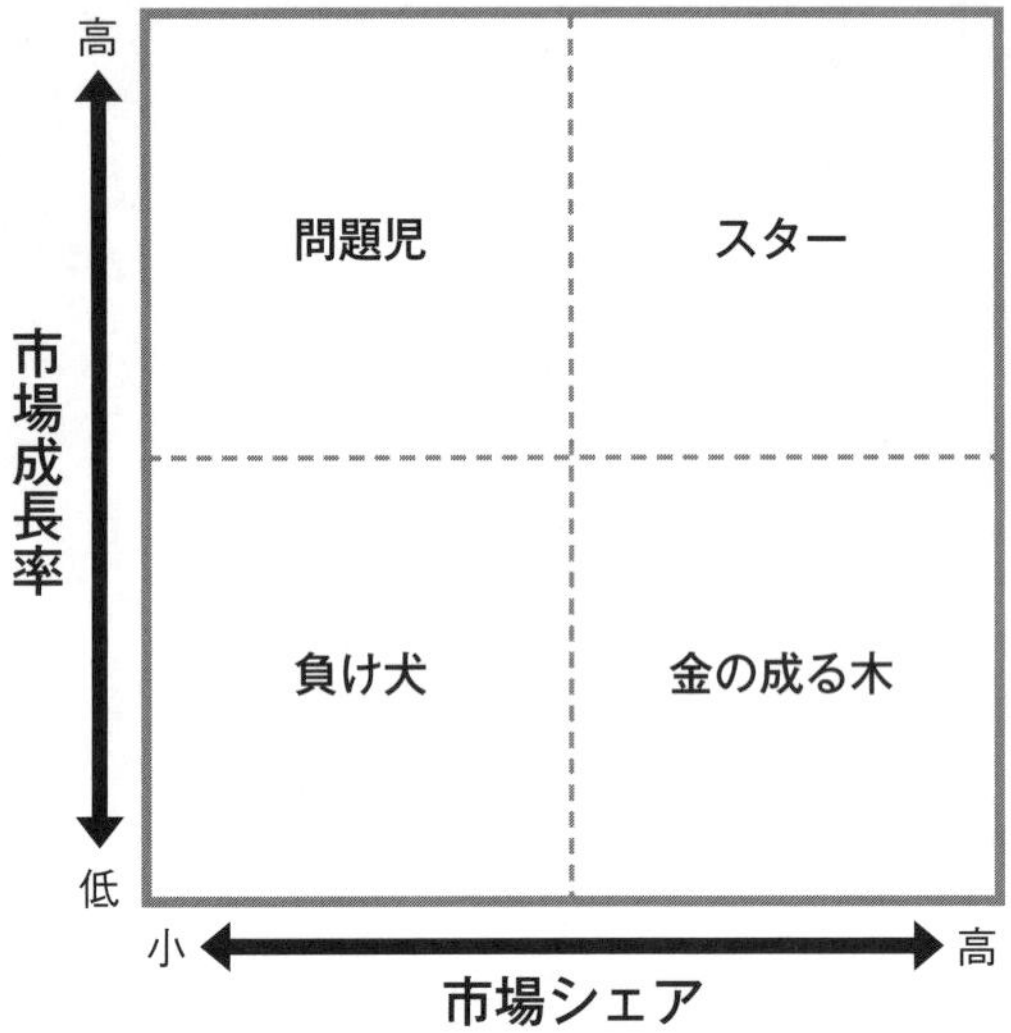

マトリクス作成のポイント

- 縦軸と横軸は相関性のないものを使う
- 4象限それぞれに情報が存在する区切りにする

な道具です。マトリクスは縦軸・横軸さえ決めれば、すぐに自分でオリジナルのマトリクスをつくることができます。オリジナルのマトリクスを自在につくれて表現できるようになると、物事を整理して伝えることがうまくできるようになります。

コンサルタントは、とくに2×2のマトリクスを好みます。2×2で4つのマス目に情報を分類します。マス目が4つならそれぞれのマス目の違いや特徴がすぐにわかります。非常に単純化されていて、わかりやすいものになります。

これが3×3では9つになってしまい多すぎます。4×4では16にもなってしまい、マス目ごとの違いが見えなくなってしまいます。2×2に整理するのがベストといえます。

◉「犬派・猫派」では意味がない

マトリクスのつくり方は簡単ですが、意味のあるものにするためには、いくつかの注意が必要です。

縦軸と横軸に相関性のあるものを持ってきてしまうと、意味の薄いマトリクスになります。

たとえば、個人を分類するマトリクスとして「年齢×運動能力」でつくった場合等です。

これは1次関数のグラフのようになってしまいます。つまり、左下と右上には対象となるものが沢山存在しますが、左上と右下に当てはまる事例がなくなってしまいます。これではマトリクスにする意味がありません。2×2ではなく、単に2つに分けるだけで十分ということになります。

また、縦横は意味のある軸を設定しないとマトリクスが機能しません。

同じく個人を分類するものとして「世帯構成×ペット」でつくったものはどうでしょうか（左図）。個人を分類することはできますが、それぞれのマス目にビジネス的な意味があるように思えません。単に分類しただけという感じがします。

ビジネス的に意味があるかどうかをチェックするには、それぞれのマス目の特徴を一言でネーミングをしてみるとよいでしょう。4マスすべてにネーミングすることができればマス目には意味があるといえるため、マトリクスも意味あるものになっていると考えられます。

マトリクス作成の失敗例

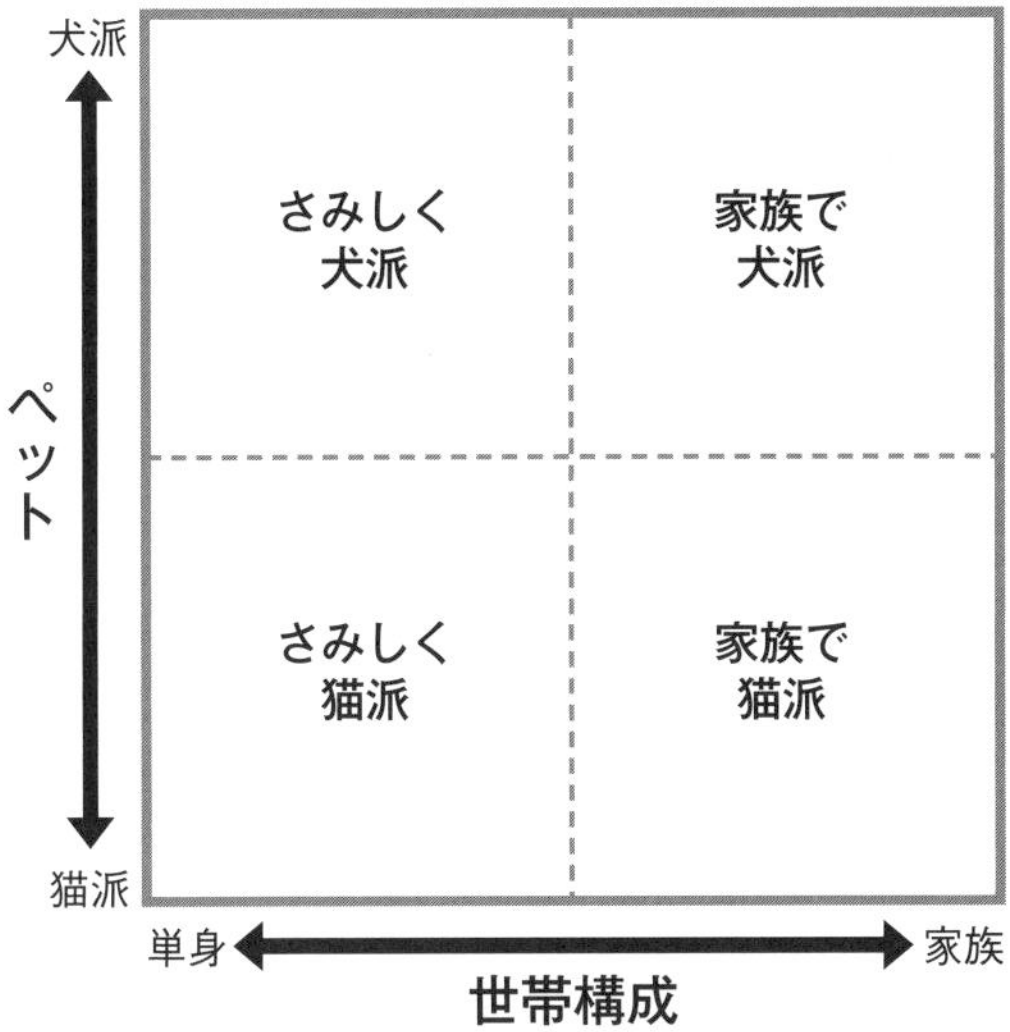

意味のある軸を抽出できていない

↓

それぞれのマス目にネーミングしてみて、一言で特徴を表現できないようだと、意味があるマトリクスになっていない

think 4

アンゾフの成長マトリクスで会社の未来が見える

マトリクスを使ったビジネス分析の例を挙げます。

会社の成長機会を検討する際には、**アンゾフの成長マトリクス**を使うと思考が整理されます。これは左図のように検討する事業アイデアを4つの分野で整理して分析します。軸となるのは、対象となる市場（顧客）と、自社の製品です。それぞれ既存、新規とします。

◉4つのマスのどこに入るか

左図①の**既存顧客×既存商品**のところは、つまりは現在のビジネスです。対象となる顧客や商品の軸を変えずに、現在のビジネスを強化してシェア拡大を狙うというのがここの戦略です。サービスを良くしたり、機能を向上させたり、価格を安くした

アンゾフの成長マトリクス

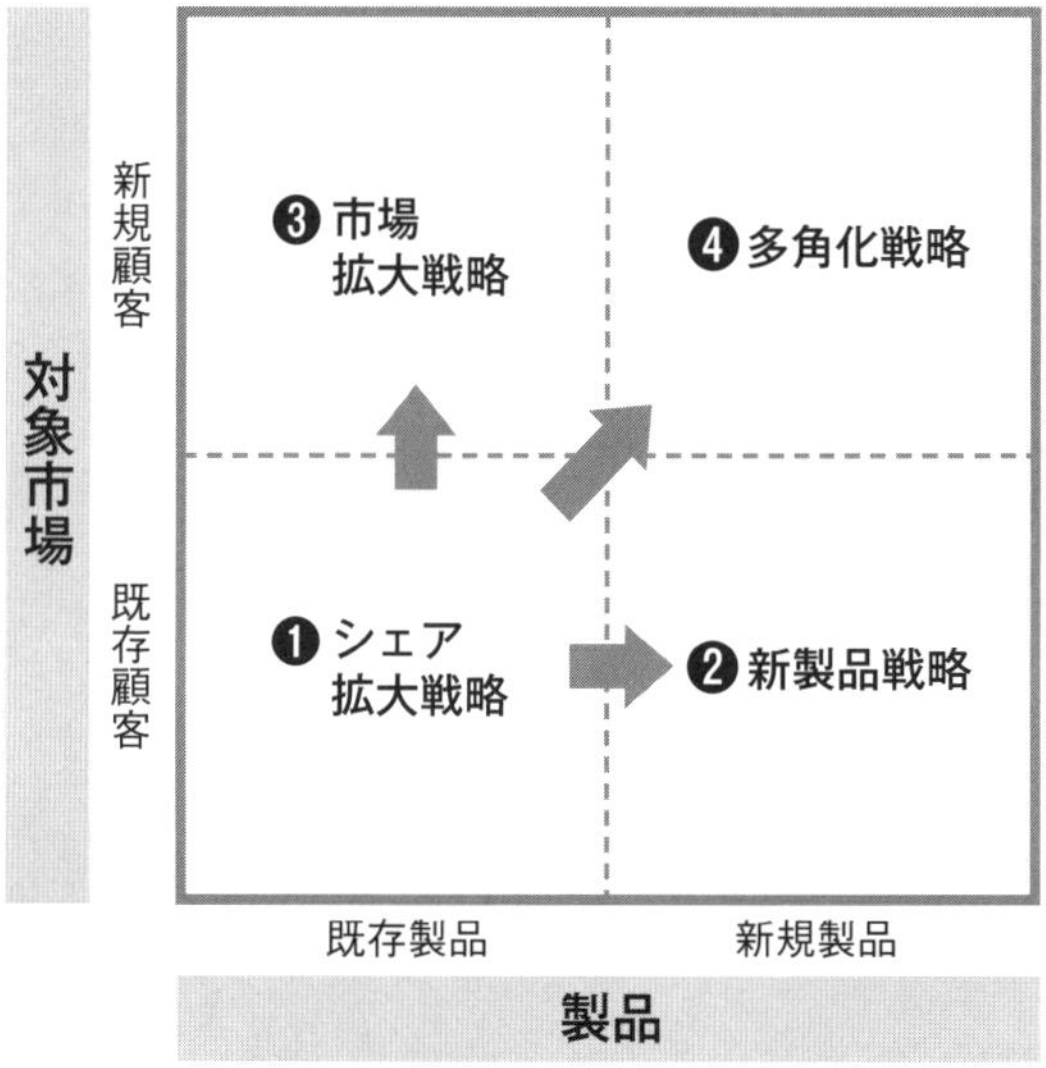

り、マーケティングを工夫したり、という策が考えられます。

②は**既存顧客×新規製品**です。すでに自社製品を購入しているお客さんに、別のサービスや商品を販売するというのがコンセプトです。「新製品戦略」ともいいます。

③は**新規顧客×既存製品**です。自社製品を新しい市場で販売してくもので「新市場開拓戦略」と呼ばれています。新しい市場を求めて海外展開するというのが典型的名パターンですが、ほかにも業務用に販売していたものを一般にも販売するというのも新市場開拓といえます。

④**新規顧客×新規製品**です。「多角化戦略」と呼ばれ、まったく未知の領域を立ち上げるためリスクの高い戦略といえます。通常は買収などによって参入することが多い分野です。

◉富士フイルムは「フィルムカメラ→化粧品」

事例として、富士フイルムの例を挙げます。

富士フイルムは、ご存知のとおり写真フィルムの会社です。デジタルカメラが普及した今日では、写真フィルムの需要は減る一方です。富士フイルムは新しい事業分野

富士フイルムの事業展開の例

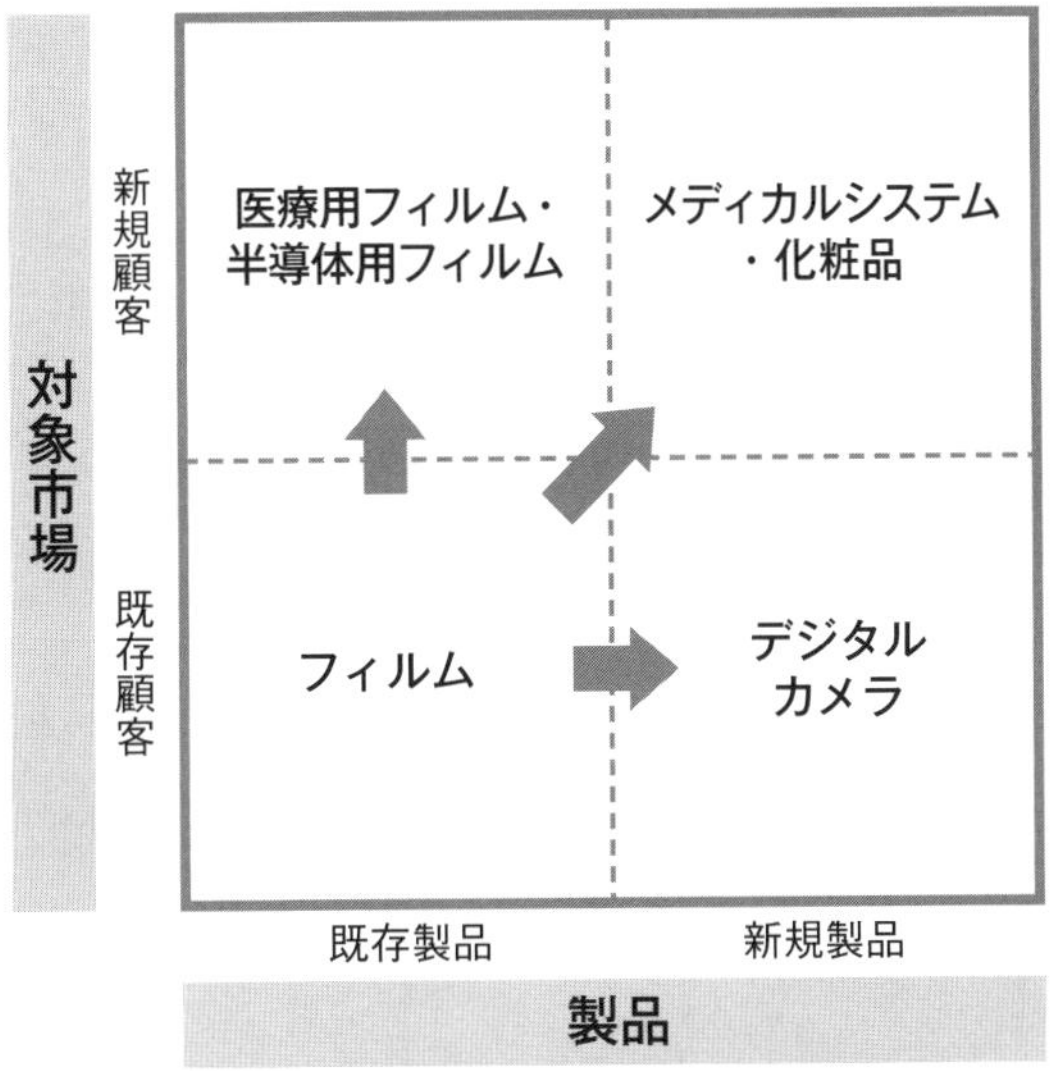

を立ち上げて成長機会をつくってきました。

既存のフィルムカメラの顧客に対して、デジタルカメラを製造し参入しました。既存顧客×新規製品の考え方です。これは自社のフィルムカメラが売れなくなるため諸刃の剣ではありましたが、結果としてデジタルカメラ全盛の時代になった今となっては正解だったと言えます。

フィルム自体は、新しい市場を開拓しました。医療用や半導体用の高精度フィルムです。フィルムの需要がある新分野に、既存の商品を使って拡大した例です。新規顧客×既存製品の考え方です。

最後は、化粧品です。これは、男性主体の既存のカメラ顧客ではなく、女性をターゲットにし、商品も化粧品という新しいものです。新規顧客×新規製品の考え方です。フィルム開発を通してコラーゲンに関する技術が蓄積されたのを応用して、新しい分野に出て行った例です。

ビジネスアイデアを検討するときは、このようなマトリクスで**それぞれのアイデアの位置づけを明確にして議論すると、話が整理されます。**他社のビジネス事例も同様にすることで、単なる成功事例ではなく整理された議論ができるようになります。

think 5

論理思考で成果を上げるアンケートのつくり方

セミナーに行くと、よくアンケート用紙をもらったりしますが、この設問も論理的に構成することで、あとから有意義な分析ができるようになります。アンケートをつくる側に回ったときに役に立つポイントを紹介します。

◉「事前」と「事後」を比べる

アンケートでは、**「事前」と「事後」を比べると有意義な情報を得られます。**たとえば、来場者がセミナーに出席して満足だったかどうかを検証してみましょう。

ありがちなアンケートは、「セミナーの満足度はどうでしたか？（5段階）」というものです。この聞き方では、何に満足だったのか、どこが不満だったのか、あとで検証できません。

論理的な仕掛けを組み込んだアンケートではこうなります。

Q1「セミナー参加前に知りたかった疑問点・期待は何でしたか」

1. ○○の導入事例
2. ○○の市場動向
3. ○○の性能・機能
4. ○○のコスト
5. その他（具体的に）

ここには、セミナー主催者が提供しようとしたテーマを並べます。このような設問に答えてもらえば、主催者の設定したテーマそれぞれに対し「事前」の期待が何だったのかを把握できます。

次に、それぞれが「事後」に解決されたのかを聞けば、セミナーの効果が定量的に把握できます。ここで、「解決されましたか？　ＹＥＳ／ＮＯ」とだけ聞いてしまうと、どの問題が解決され、何が解決されなかったのかわかりません。Ｑ１と関連づけて、それぞれに問題が解決されたのか否かを聞くのです。

Q２「疑問点、期待は解決されましたか？」

１．〇〇の導入事例について（ＹＥＳ／ＮＯ）
２．〇〇の市場動向について（ＹＥＳ／ＮＯ）
３．〇〇の性能・機能について（ＹＥＳ／ＮＯ）
４．〇〇のコストについて（ＹＥＳ／ＮＯ）
５．Ｑ１でその他と書いた場合（ＹＥＳ／ＮＯ）

このようにしておけば、Ｑ１×Ｑ２を関連づけて分析することができます。１の導入事例は、多くの人（70％の人）が期待したが、あまり解決されなかった（解決率20％）というように、分析することが可能です。

◉アンケート結果を「見える化」する

これを２×２のマトリクス上にマッピングすることで視覚化が可能です。

横軸に、事前の期待の大小をとって、縦軸に解決度合をとってマトリクスにしたのが191ページの図です。２×２マトリクスなので、４つの象限ができます。

・**「事前期待大」→「解決度合大」**は、期待していたテーマについて十分な知識が得られたということで、参加者のニーズに大いに応えられたテーマです。

・**「事前期待大」→「解決度合小」**は、期待していたテーマだったのに、説明が不十分で、参加者の不満がたまっていると考えられるテーマです。

・**「事前期待小」→「解決度合大」**は、事前の期待はあまり高くなかったが解決はされているということで、サブテーマ的に捉えたほうがいい話題といえます。

・**「事前期待小」→「解決度合小」**は、セミナー主催者の空回りです。興味のない話題を設定して、解決度合いも少なかったのですから。

今回は右上の期待に沿えたテーマがほとんどなく、右下ばかりが目立っています。また関心が薄いテーマも多く、セミナーのテーマ設定自体に問題があったかもしれません。このように「事前→事後」の視点をもつ「クエスチョン同士を関連づけ、聞く」ことで意味のある結論を抽出することができます。

アンケート結果の分析（例）

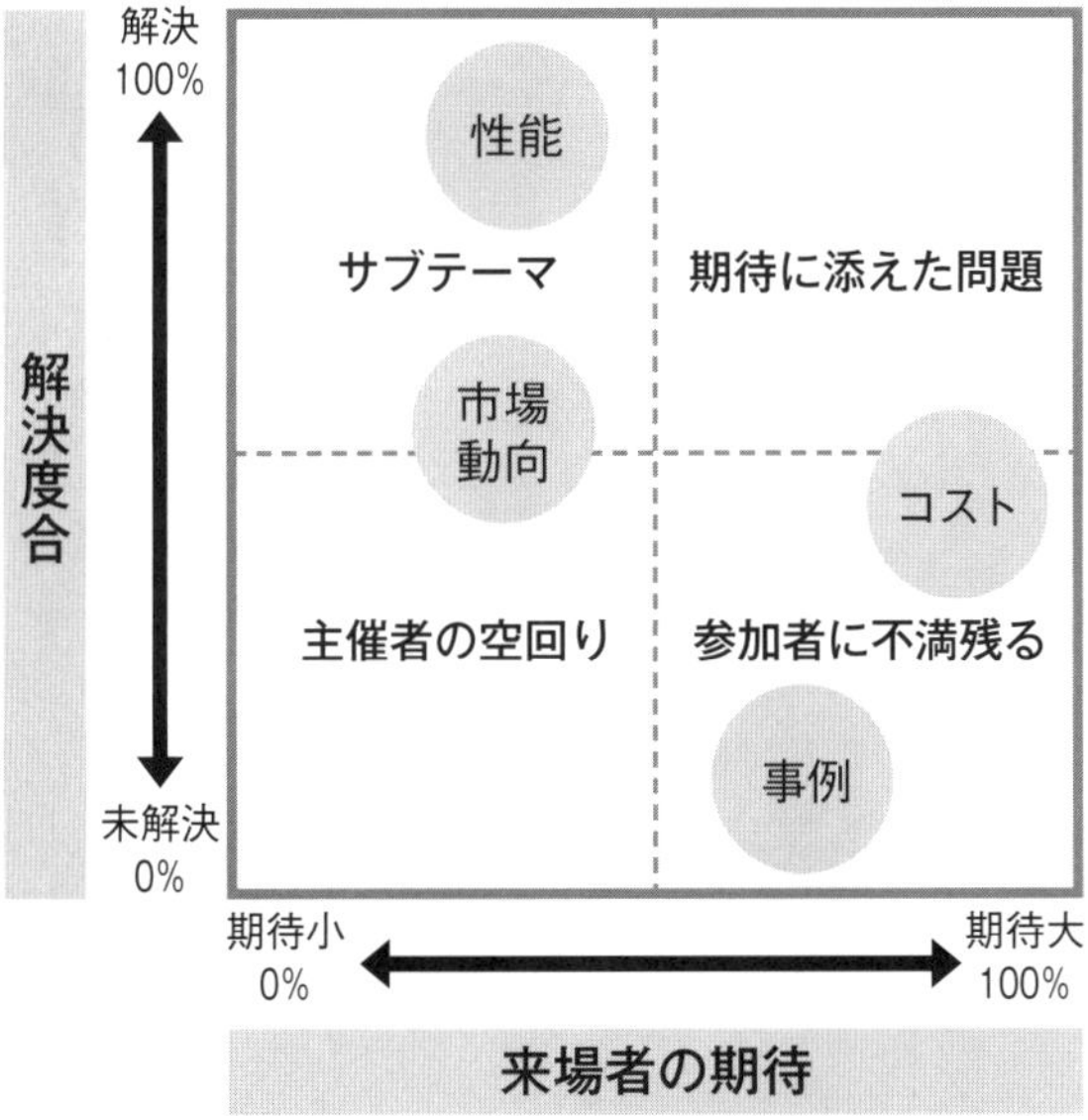

think 6

まわりのパフォーマンスも上げるSMART目標設定法

長い会議の結果、「次回までにこうしよう」と結論を得たとします。そして次回の会議で進捗を報告する段階になると、実はほとんどができていない。そういうことはありませんか？

そのような場合は、目標設定自体に問題があることが多いのです。アクションにつながらない、あいまいな目標設定をしてしまうと、行動に結びつきません。

目標設定も論理的に行うことが大事です。ここでは、論理的に目標設定を行う**SMART**の考え方を紹介します。

◉あいまいさを消すSMART

SMARTとは、目標設定を行う際の注意すべき5つのポイントの頭文字をとった

SMARTチェックリスト

目標
○○を○○までに○○回行うことで○○を実現する

- ☐ **S**pecific＝テーマ・表現は具体的か？
- ☐ **M**easurable＝第三者が定量的に測定可能か？
- ☐ **A**chievable＝現実的に達成可能か？
- ☐ **R**esult-oriented＝「成果」に基づいているか？
- ☐ **T**ime-bound＝期限がついているか？

SMARTな目標設定の例

「プロジェクト関連の知識を勉強する」
➡「今月中に管理会計の基礎テキストを2冊読む」

「近日中に関係各所とコミュニケーションを取る」
➡「今月末までに、営業部長、人事部長とのミーティングを行い、各部のリーダー級メンバーに対するプロジェクトの概要説明会実施の約束を得る」

「お客さんの立場に立って考える癖をつける」
➡「商談前にお客さんの立場・買う理由・買わない理由の3つについて仮説をもち、商談で確かめる。その後は商談メモを起こす。今月は10件」

ものです。スマートと読むので覚えやすいと思います。

最初のSは、Specificです。「**具体的に**」という意味です。目標はスローガンやビジョンとは違います。実現する様子が想像できるレベルの具体性が必要です。

何をやるのか？　はもちろんのこと、誰がやるのか？　いつやるのか？　なぜやるのか？　5W1Hの視点で考えるとよいでしょう。

次のMは、Measurableです。「**測定可能な**」という意味です。目標の達成が測定できなければ、目標とは言えません。測定というのは、数字で明確に設定するということです。

たとえば、よくある例では「この案件について他部門ともコミュニケーションを図る」といったものが測定不能な目標の代表例です。SMART手法では、「営業部、人事部に対しても案件の説明会を各2回行う」とします。Measurableな目標設定ならば、第三者が成果を測定することができ、達成が明確になります。

◉達成可能な目標を設定する

Achievableは「**達成可能な**」という意味です。聞こえの良い大きな話ではなく、実際に達成できる目標でなければ、アクションにつながらないということです。

具体的な行動を起こすことで達成できると感じた目標に対しては、人間はやってやろうという気になります。一方で、遠くあいまいな目標に対しては、どうせできないだろうと、モチベーションもわきにくいのです。

Rは、Result-oriented ということで、「**成果に基づいて**」という意味です。これは、目標設定は達成した成果について設定しないといけないということです。達成のための過程やプロセスについてのものではなく、達成したい成果について目標を設定するようにしてください。

最後のTは、Time-bound ＝「**期限付き**」です。目標には必ず期限をセットしなくてはいけません。「近日中に」や「中長期的に」といった表現は避けて、具体的にいつまでにという期限を設けることがポイントです。

目標を立てる場合には、ＳＭＡＲＴの5項目についてチェックシートのようなものをつくり、セルフチェックをするとよいでしょう。また、部下に指示を出す場合にも、ＳＭＡＲＴを意識すれば、あいまいなところがなくなり、部下としてもよりよいアクションにつながるはずです。

think 7

「超並列会議」で効率を数百%上げる

論理思考によって、大幅に業務の効率が上がるのが会議の運営です。

究極に効率の良い会議は、会議が終わった時点ですべてが決まって、議事録まででき上がってしまうというものです。ちょっと驚くべきことですが、実際にコンサルタントはこのような会議を運営しています。

◉どこまで決めるかを決める

まずは論理思考を使って、会議で決めるべきこと、検討すべきことをあらかじめしっかりと決めておくことです。

たとえ、ブレイン・ストーミングのようなアイデアを発散する会議でも、「今日はアイデアを発散して、新規事業の30のアイデアを出し、アイデアの傾向について分類する」という明確な目標をもっておきます。そのゴールを会議の冒頭で確認し、参加者はそれを達成することを目標に会議に臨みます。ここまでは論理思考のお話です。

ポイントとなるのは、会議の運営です。会議の間に、プロジェクターを映し出して、出てきたアイデアをどんどん資料にします。会議参加者がリアルタイムでプロジェクター上の資料を確認できるようにするわけです。

修正があれば、その場で修正してしまいます。議論と、資料の作成と、資料の確認・承認を同時進行で並列に行ってしまうので「**超並列会議**」と呼んでいます。

新規事業を30案考えるアイデア会議の場合であれば、プレゼンソフトを使って、30のアイデアそれぞれに1枚ずつまとめのスライドをつくってしまいます。あとで資料化して報告するのではなく、その場で資料にしてしまうのです。

もちろん、その場で資料をつくるといっても、本当にゼロからつくっていては間に合いませんので、ある程度のフォーマットにしておくことは必要です。

新規事業のタイトル、ターゲット顧客、ビジネスモデル、自社の強み、といったポイントとなる部分をあらかじめ枠組みとして用意しておいて、それを埋める形で会議の意見をまとめていきます。

◉会議が終わると結論が出ている

超並列会議には、プレゼンソフトを高速で使いこなせる優秀な書記が必要ですが、会議をしながら同時に資料ができる効率性は計り知れません。

30のスライドができたら、まずは1枚ずつ、アイデアに相違がないか確認してもらいます。その後は、アイデアの分類などの討議に入ります。そこで出た結論も、どんどん資料にしてしまいます。これもあらかじめ分類するための軸や2×2マトリクスなどを用意しておきます。

一定の会議の結論が出たところで、改めて資料をみんなで確認して追加の意見などをもらいます。これで解散です。

この資料がそのまま結論であり、議事録になります。プレゼン資料が議事録というのは、始めは違和感があるかもしれません。しかし、ビジネス議事録というのは法廷の議事とはちがい、**一字一句、誰が何を発言したということを記録しても意味がありません。**会議の結論がわかるものが、ビジネスにおける最高の議事録です。

この資料を参加者に会議のアウトプット兼議事録として配布します。

超並列会議のポイント

資料（議事）がスムーズに作成できるようあらかじめ検討課題を絞り込んで、会議のゴールを明確にする

↓

資料（議事）がスムーズに作成できるよう、議論にそったフォーマットを用意しておく

↓

プロジェクターで常時資料を写し、会議参加者全員が確認できるようにする

↓

異論があれば、すぐに議論し、資料に反映させる

↓

資料（議事）への承認はプロジェクターで確認しながら会議中に終わらせる

↓

でき上がった資料を、会議アウトプット兼議事録とする

この本も超並列でできた

簡単な超並列会議の例として、実際にこの本の企画を考えるときに行った会議の例をお話しします。

私のほかに、何名かのコンサルタントに集まってもらって、新しい本の企画を練り上げるというのが会議の目的です。

普通の会議と違って、あらかじめ用意すべきものがあります。それは**企画書のテンプレート**です。

本の企画では、「タイトル」「想定読者」「趣旨」「装丁・価格」「章立て」といった要素をＡ４の紙２枚ほどに簡潔にまとめます。

ここで最初のポイントがあります。

テンプレートは、実際に使われた企画書をベースにした現実感のあるものでないといけません。

体裁も、○○出版社御中で始まって、タイトルの大きさや、見出しのインデントまで、そのまま出版社に提出して問題ないものを用意します。

ここは重要です。そうでないと、再度承認作業が必要になってしまい、出戻り作業が発生してしまいます。

会議では、どんどんアイデアを出していきます。有望なアイデアが２、３に絞れたら、それぞれ実際の企画書にまとめてしまいます。

用意したテンプレートを使って、「タイトル」「想定読者」といった項目を埋めていきます。

その際にプロジェクターに写して、みんなで確認しながらテンプレートを埋めていきます。細かい表現などもその場で確認してしまいます。

テンプレートが本番と同じものを使っているため、あいまいな言い回しや、中途半端なアイデアを記入すると、企画のなかでそこだけ「浮いて」しまいます。

「後でうまくまとめておいて」といった逃げが通用しません。

企画書として通用するレベルまで、議論していきます。そこがしっかりとしたテンプレートを用意する理由です。

用意したテンプレートのすべての項目が埋まれば、同時に企画書が完成です。みんなで確認しながら埋めていますので、事後の承認手続きは不要です。

さらに、本番と同じ企画書をテンプレートにしているので、すぐに出版社に送ることが可能です。

この会議ではその場でメールを作成し、出版社に送りました。

そして、いまこの本ができ上がっているわけです。

◉議事録・成果物・承認を同時に

この方法をもう少し簡略化して、一般的に使われている「議事録」をリアルタイムで取る方法もあります。プロジェクターでワードの画面を移しながら、書記が意見をどんどん書き込んでいくのです。議論の区切りがついたら、プロジェクターに映し出された議事を、みんなでレビューします。

発言が違う場合はその場で訂正。意味のない発言が続くところは削除。みんなで議事録に意見を出すうちに、会議の結論として収束させます。

こうしてでき上がった議事録自体を会議の成果物としてしまいます。会議が終った時点で成果物ができ上がり、議事録ができていて、しかもそれは参加者全員の承認済みです。

このやり方だと会議の効率が１００％どころではなく、**何百％も劇的に向上します。**プロジェクターや書記などが必要で、やり方も最初は違和感があるかもしれませんが、導入の効果は期待以上のものです。

think 8

外資系が重視する「地頭力」の秘密

マイクロソフトや外資系のコンサルティング会社では、社員を採用する面接試験で特殊な問題を出すことが知られています。たとえば、

「富士山を動かすにはどうすればいいのか？」
「シカゴにピアノの調律師は何人存在するか？」
「日本にガソリンスタンドは何件あるか？」

といった問題です。

面接の場では、このような問題が突然面接官から出されて、候補者はその場で考えて回答しなくてはいけません。

もちろん、面接の場ですから、インターネットを使って調べることはできません。

「そんなのわかるはずがない」という答えでは絶対に採用されません。

◉「答えのない問題」に答える

いったいこの面接試験では、何を見ているのでしょうか？

明らかに言えるのは、候補者の知識の有無を問うているのではないということです。実のところを言うと、問題を出している面接官ですら答えを知らないのです。シカゴにいるピアノ調律師の数というものは、そもそも統計が存在するようには思えません。

ですから、「シカゴのピアノ調律師協会に問い合わせる」とか「ネットでしらみつぶしに調べる」といった回答はNGです。調べる方法を問うているのではなく、面接の場で、調律師の数を教えてくださいと質問しているのです。

要するにこの問題には答えがありません。答えのない問題なのです。答えの数字を聞きたいのではないのです。

地頭力のポイント

地頭力を問う面接問題の例

- シカゴにピアノの調律師は何人いるか？
- 富士山をどうやって動かすか？
- マンホールのふたはなぜ丸い？
- マイナス２進法で数をかぞえなさい
- 日本にガソリンスタンドは何件あるか？
- 琵琶湖の水は何リットルあるか？
- アメリカ５０州のうちひとつだけ除いてよいとしたら、どの州を除きますか？

地頭力を問う問題の特徴

- **知識の有無を問うているのではない**
  ➡「ネットで調べます」「統計を探します」という答えはもちろんNG
- **答えの数字等の正確性を問うのではない**
  ➡答えに至るまでの思考過程の論理性や洞察力を評価している

◉大事なのは答えよりアプローチ

では、そのような答えのない問題で何がわかるというのでしょうか？

面接官は、候補者の問題に対するアプローチを見ています。どのように考えて、どのような推論を重ねて未知の数字を探るか、その論理的なアプローチの過程を評価しているのです。

最終的にピアノ調律師が１００人なのか２００人なのか、それが実在の数とどのくらい差があるかということは、評価の基準ではありません。

なぜ、１００人という数字を出したのか？

どういうことを論拠に、どのように１００人と推計したのか？

それぞれの推計過程は、論理的に見て正しいものかどうか？

そのような視点から、候補者の論理思考力、頭の柔軟性、洞察力などを総合判断しています。

これらの能力を「地頭力」と呼んでいます。「じあたまりょく」と読みます。

「地」の頭ということで、知識やノウハウを前提としない素の頭の良さをイメージした言葉です。

◉地頭力のベースは論理思考力

地頭力というのは、ややあいまいな言葉ですが、私なりの定義を書きます。

「既存の知識や方法論が通用しない新しい問題に関しても、常識と論理を頼りに、自分なりの切り口や捉え方で、物事の本質や問題の根本に近づくことのできる能力」

地頭力のベースになるのは、何といっても論理思考力です。どんなにおもしろい視点や洞察であっても、論理的に説明できなかったり、論理的に矛盾があったりしては、意味を成しません。

地頭力を鍛えるには、常にいろいろな問題を自分なりの視点で捉えなおして、論理思考を使って考えなおすことが重要です。ゼロベースで考えるということが地頭力のスタート地点です。

「マンホールのふたはなぜ丸いのか？」

これもマイクロソフトの試験の一例です。

たしかに、なんとなく丸いほうが四角いよりも便利な気がします。

では、なぜでしょうか？　なぜ、丸いほうが良いのか、論理的に説明できますか？

think 9

フェルミ推定で未知の数字を算出する

答えのわからない未知の数字に対して、論理思考力を使って値を推計することを**フェルミ推定**と呼んでいます。

先ほどの地頭力を問う質問のなかに「シカゴにピアノの調律師は何人いるか?」という未知の数字を推計させる問題があります。これが最も有名なフェルミ推定の問題です。

フェルミ推定という名前は、イタリアのノーベル賞物理学者、エンリコ・フェルミ(1901~1954)が、亡命先のアメリカのシカゴ大学で学生にこのような課題を出していたことに由来しています。

実際にフェルミ推定の問題にどのようにアプローチするのか、実例を挙げてみます。ここでは、シカゴのピアノの調律師について考えてみることにします。

◉シカゴにいるピアノ調律師の数の算出法

いきなりピアノの調律師を数え上げるのは無理があります。フェルミ推定をする際にキーとなるのは、最終的に求めたい数字をいくつかのパラメーターに分解して落とし込んでいくことです。

まずは、需要の側面からアプローチしてみます。

ピアノ調律師はピアノが存在しなくては仕事になりません。ですから、シカゴに存在するピアノの数というのがキーになりそうです。

とはいってもピアノの数というのも、なかなか推定しづらいものです。そこで、ピアノの多くが家庭にあると考えます。すると家庭の数というのがピアノの数を決める要因になっていると考察できます。

では、家庭の数というのはどうやって求めればいいでしょうか?

人口と世帯当たりの人数ということで推定できそうです。

このようにして問題を分解していき、いくつかのパラメーターにブレイクダウンします。シカゴのピアノ調律師の数の想像がつかなくても、人口や世帯という数ならば想像ができる範囲になってきます。そこから積み上げていけば、最終的に調律師の数を推定できます。

もう少し推論を進めましょう。

まずシカゴの人口を推定してみます。シカゴは全米でも大きな都市です。全米トップ10の都市に入ると考えてもいいでしょう（実際には全米第3位の大都市）。

仮に人口を300万人とおきます。

家庭の数は、一世帯あたり3人（単身世帯も含め）とすると、100万世帯と計算できます。100万の家庭のうちすべてがピアノを持っているわけではありません。多くの家庭はピアノを持つほどに裕福ではないはずです。仮に50％がピアノの保有が可能な家庭であるとすると、シカゴには、50万世帯の対象となる世帯があると考えられます。

基礎となる家庭の数が推定できました。実際のピアノの数は、家庭の数にピアノの保有率を掛けたものです。ピアノはどの家庭にも普及しているものではありませんが、ものすごく珍しいものでもありません。仮にピアノ保有率を10％とすれば、ピアノの数は5万台となります。

5万台のピアノに年間の調律回数を掛けたものが、調律の需要となります。調律頻度を推計することは難しいですが、年に何回も行うものでもないでしょうし、数年に

フェルミ推定の計算プロセス例

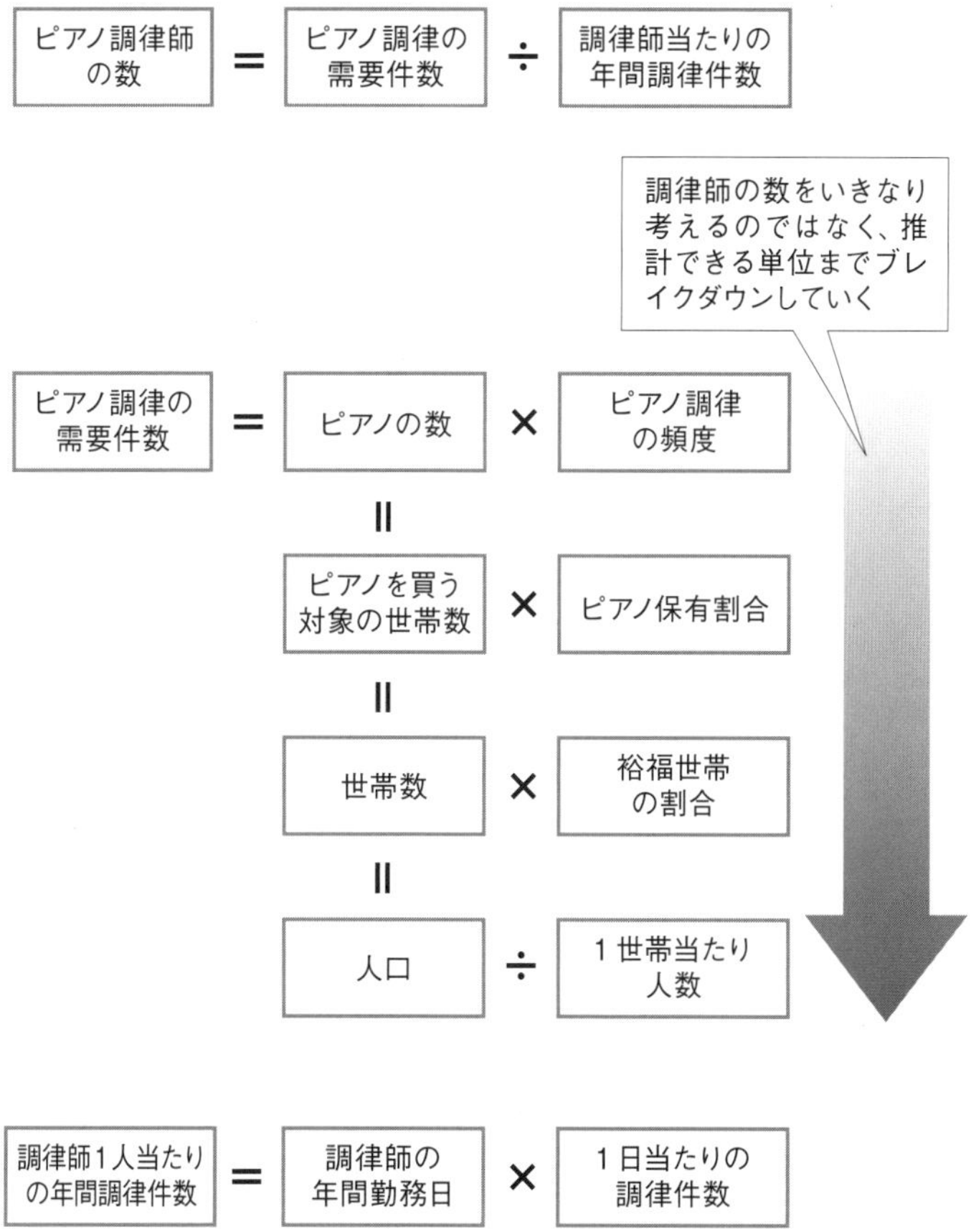
ピアノ調律師の数
=
ピアノ調律の需要件数
÷
調律師当たりの年間調律件数
調律師の数をいきなり考えるのではなく、推計できる単位までブレイクダウンしていく
ピアノ調律の需要件数
=
ピアノの数
×
ピアノ調律の頻度
ピアノを買う対象の世帯数
×
ピアノ保有割合
世帯数
×
裕福世帯の割合
人口
÷
1世帯当たり人数
調律師1人当たりの年間調律件数
=
調律師の年間勤務日
×
1日当たりの調律件数

1回というものでもなさそうです。

年に1回の調律を行うという仮定をおいてもそれほど悪くはないでしょう。5万台が年に1回、ピアノを調律するとなると、年間に5万件の調律需要があるということになります。

ここまでくれば、調律師の数まであと一歩です。5万件／年の調律をするには、何人の調律師が必要になってくるでしょうか？

こんどは調律師側から考えて見ます。

調律師は年間200日働くとします。ピアノの調律は一日にどのくらいできるでしょうか。調律自体は1時間ほどで可能かもしれませんが、一日8件というわけには行きません。移動の時間や、その他の時間も考え、午前に1件、午後に2件、1日3件というのが妥当かもしれません。

すると、1人の調律師は年間600回の調律ができると考えられます。1件当たりの調律が1万5000円とすると、年収900万円ですから、この面から考えても妥当なところでしょう。

シカゴの調律需要5万件を満たすには、5万÷600＝83・3333で、約80人の調律師が必要という推計となりました。

「シカゴにいるピアノ調律師の数」計算の実例

シカゴ人口300万人 ÷ 平均世帯数3人 ＝ 100万世帯

ピアノ保有が可能な世帯 ＝100万世帯 × 50% ＝ 50万世帯

ピアノを持っている割合 ＝ 50万 × 10% ＝ 5万台

ピアノの調律件数／年 ＝

5万台 × 年間当たり調律回数（1回）＝ 5万回

調律師の年間勤務日数200日 ×1日当たり調律可能数（3台）

＝ 600台／年（調律師1人当たりの年間調律ピアノ数）

年間5万回（調律需要）÷ 年間６００台（調律師）＝ ８０人

「シカゴには、約80人のピアノ調律師がいると推定される」
というのが答えの例です。

◉妥当な仮定で未知の数字を推計

フェルミ推計は、このようにして、問題をいくつかのパラメーターに分けて、妥当な仮定をおきながら、未知の数字を推計していきます。

ちなみに、実際の答えを知りたい人もいるでしょう。

ズバリの答えは存在しませんが、それに近い統計があります。アメリカ労働統計局によると、１９９８年には、全米で１万３０００人の「楽器修理業・調律師」がいたそうです。アメリカ全体の人口は約3億人ですからシカゴの人口で割り算すると、シカゴのピアノ調律師の数は１３０人ということになります。

これらの人々は調律だけでなく修理も行っている人のようですから、純粋に調律だけを考えると、今回の推計で出した80人というのは悪くない数字といえます。

think 10

フェルミ推定がうまくなる4つのコツ

フェルミ推定にはいくつかのコツがあります。

まずは、**求めようとする数字そのものをいきなり出そうとしない**ことです。その数字を求めるには、どういう論理的な組み立てが必要か、を考えることから始めます。

具体的には、求める数字をいくつかの適切なパラメーターに分解することが必要です。分解しても、まだあいまいすぎる場合、さらに分解していき、最終的にパラメーターのそれぞれの数字が推計できるように全体を設計します。このときの分解は論理的に正しいことと、ＭＥＣＥ（モレがなく、ダブりもない）であることが重要です。

それぞれに妥当な数字を仮定して計算し、最終的な答えを出しますが、その際に適宜検証をしていくことが必要です。検証した結果、おかしい点に気づいたならば、そのつど修正を加えてモデルを調整していきます。

計算の検証は、「常識」を使います。たとえばシカゴの調律師の例で、答えが３０

00人という結果が出たとしたらどうでしょうか。これは仮定したシカゴの人口と比較して1000人に1人が調律師ということになります。

これでは、警察官と同じような比率になってしまいます。調律師は警察官のように多くの人が従事する職業ではありません。桁が違うということに気づかなければいけません。これは何もいろいろな統計を頭に入れておかなくても、すこし気の利いた常識的な推論をすればわかるはずです。

◉自分で問題をつくろう

フェルミ推定は、「答えがない問題」です。何かのハウツーを学んだからといって、すぐにフェルミ推定ができるようになるというわけではありません。

ですが、フェルミ推定を解く基礎となるのは、論理的に物事を捉えることができる能力です。日々いろいろな問題に対して論理的に問い直すことを繰り返していくと、コツのようなものがつかめてきます。

フェルミ推定の問題は、うれしいことに簡単に作成できます。思考を鍛えるには、問題を多くこなすのが一番です。電車の中で適当な広告を見つけて、その商品なりサ

フェルミ推定が上達する４つのコツ

- いきなり答えを出そうとしない
- 求める数字をいくつかの
パラメーターに分解する
（MECEに）
- パラメーターがあいまいで
推計できなければさらに分解
- 常識でチェックする。
常識が最大の武器ービスの市場規模（売上）を推計してみる訓練をお勧めします。

「英会話学校の市場規模は？」
「胃腸薬の市場規模は？」
「京都への観光客は何人？」

頭の体操だと思ってやってみてください。通勤電車でボーっとしているよりも、電車にゆられながら論理思考力を鍛えてみましょう。

英会話学校、胃腸薬、京都の観光客、どれをとっても、インターネットであとから調べれば、統計の数字が出ていそうな問題です。実際の答えと比べてみて、自分の推論の仮定にどこに問題があったのか、容易にフィードバックを得られます。

◉グーグルがあればフェルミ推定はいらない？

フェルミ推定の話をすると、「世の中の統計なんかグーグル（Google）で検索すればわかるのに、どうしてそんなややこしい推定をするのか？」という反論をされることがあります。もちろんビジネスにおいてもグーグル検索してわかることは、グーグルを使ったほうが早いにきまっています。

しかし、世の中にはグーグルでは出てこない数字もあるのです。

たとえば新規事業のプランを立てるときには、フェルミ推定は必須です。まったく新しい製品やサービスのアイデアが沸いたものの、まだ誰もつくったことのないものなので、いったいどのくらいの人が買ってくれるのかはわかりません。

しかし、何らかの売上見積りを立てる必要があります。

市場予測、売上予測が必要でしょう。グーグルで調べても出てきません。何らかの仮定をおいて、フェルミ推定を使って考えることが求められます。

推定の結果、製品のアイデアはすごいものの、買ってくれそうな人はせいぜい500人、といった推計になるかもしれません。それでは事業として成り立ちません。

一方で、うまくすると、何十億もの市場が生まれると推定できるものもあるかもしれません。市場の将来を正しく推計できた会社が、その市場に真っ先に参入することができ、新しい市場で大きく儲けることができます。

自分なりの仮定を基に、**フェルミ推定で未来を予測できると、他の人よりも一歩先を進めることになります。**

Part 4

まとめ

- ロジカル・シンキングに相性のよい「パワーポイント」を積極的に使う。
- アイデアをボックスやフォーマットに落とせば、生産性の高い思考ができる。
- 2×2のマトリクスを使えば、情報を視覚的にわかりやすく整理できる。
- 目標を設定する際には「SMART」を意識すれば、明確になる。
- 会議は、議論と資料作成・確認・承認が同時にできる「超並列会議」を目指す。
- 答えより思考のプロセスを重視するフェルミ推定で「地頭力」を鍛える。

■ロジカル・シンキングを磨く20冊

◎ロジカルシンキングの基礎の本

『論理トレーニング101題』
野矢茂樹著　産業図書　2,100円　2001年

『上・中級公務員標準判断推理　改訂版』
田辺　勉著　実務教育出版　2,205円　2001年

『考える技術・書く技術　新版』
バーバラ・ミント著　山﨑康司訳　ダイヤモンド社　2,940円　1999年

『論理力を鍛えるトレーニングブック』
渡辺パコ著　かんき出版　1,470円　2001年

『ロジカル・シンキング』
照屋華子、岡田恵子著　東洋経済新報社　2,310円　2001年

◎問題解決法の本

『問題解決プロフェッショナル思考と技術』
齋藤嘉則著　ダイヤモンド社　2,447円　1997年

『問題発見プロフェッショナル』
齋藤嘉則著　ダイヤモンド社　2,520円　2001年

◎戦略思考を鍛える本

『戦略シナリオ』
齋藤嘉則著　東洋経済新報社　2,520円　1998年

『戦略「脳」を鍛える』
御立尚資著　東洋経済新報社　1,680円　2003年

『企業参謀』
大前研一著　講談社　470円　1985年

『続・企業参謀』
大前研一著　講談社　470円　1986年

『観想力　空気はなぜ透明か?』
三谷宏治著　東洋経済新報社　1,785円　2006年

◎フェルミ推定、地頭力に関する本

『ビル・ゲイツの面接試験―富士山をどう動かしますか？』
ウィリアム・パウンドストーン著　松浦俊輔訳　青土社　2,310円　2003年

『地頭力を鍛える　問題解決に活かす「フェルミ推定」』
細谷　功著　東洋経済新報社　1,680円　2007年

『外資系企業がほしがる脳ミソ』
キラン・スリニヴァス著　辻谷一美、外資系企業研究会訳　ダイヤモンド社　1,500円　2007年

◎プレゼン・資料づくりに関する本

『論理力を鍛えるトレーニングブック　意思伝達編』
渡辺パコ著　かんき出版　1,470円　2002年

『ロジカル・プレゼンテーション』
高田貴久著　英治出版　1,890円　2004年

『マッキンゼー流図解の技術』
ジーン・ゼラズニー著　数江良一ほか訳　東洋経済新報社　2,310円　2004年

◎経営戦略、ビジネス書

『MBA経営戦略』
グロービス・マネジメント・インスティテュート編　ダイヤモンド社　2,940円　1999年

『ブルー・オーシャン戦略』
W. チャン・キム、レネ・モボルニュ著　有賀裕子訳　ランダムハウス講談社　1,995円　2005年

※価格はすべて税込。

大石哲之（おおいし　てつゆき）

株式会社ティンバーラインパートナーズ代表取締役。

1975年生まれ。慶應義塾大学卒。アンダーセンコンサルティング（現アクセンチュア）戦略グループ、ネットコミュニティベンチャーの創業を経てティンバーラインパートナーズを設立。

All About「コンサルティング業界で働く」ガイド。

コンサルタントになりたい人を支援するポータルサイト「コンサルタントナビ」を運営。著書に『よくわかるコンサルティング業界』（日本実業出版社）、『地頭力が強くなる!』（中経出版）、『過去問で鍛える地頭力 外資系コンサルの面接試験問題』（東洋経済新報社）、『ベンチャー業界』（産学社、共著）がある。

コンサルタントナビ
http://www.consultantnavi.com

3分《ぷん》でわかる　ロジカル・シンキングの基本《きほん》

2008年7月1日　初版発行
2012年11月10日　第13刷発行

著　者　大石哲之
発行者　吉田啓二

発行所　株式会社日本実業出版社　東京都文京区本郷3－2－12 〒113-0033
大阪市北区西天満6－8－1 〒530-0047
編集部 ☎03－3814－5651
営業部 ☎03－3814－5161　振　替　00170－1－25349
http://www.njg.co.jp/

印刷／壮光舎　製本／共栄社

この本の内容についてのお問合せは、書面かFAX（03－3818－2723）にてお願い致します。

落丁・乱丁本は、送料小社負担にて、お取り替え致します。

ISBN 978-4-534-04408-2　Printed in JAPAN

3分でわかる「思考法」シリーズ

下記の価格は消費税（5%）を含む金額です。

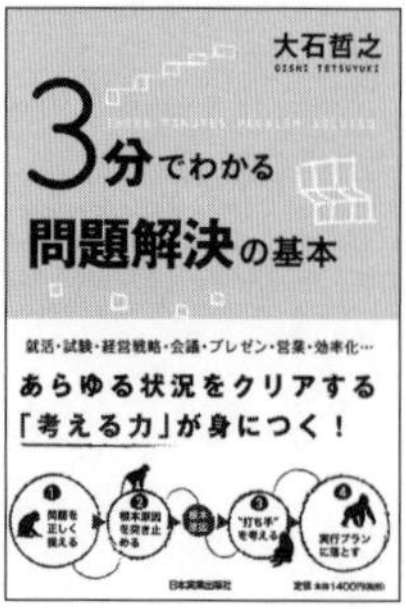

3分でわかる 問題解決の基本

大石　哲之
定価 1470円（税込）

問題解決力が身につけば、「根本原因に最短で到達できる」「ロジカルに考え、シンプルに説明できる」「未経験の分野でも目標を達成できる」。戦略コンサルタントの考え方が1項目3分でわかる。

3分でわかる ラテラル・シンキングの基本

山下　貴史
定価 1470円（税込）

ロジカル・シンキング（論理思考）が左脳型の論理的な思考法だとすれば、ラテラル・シンキング（水平思考）は右脳型の新しい価値を生み出す思考法。異端のフレームワークをわかりやすく解説。

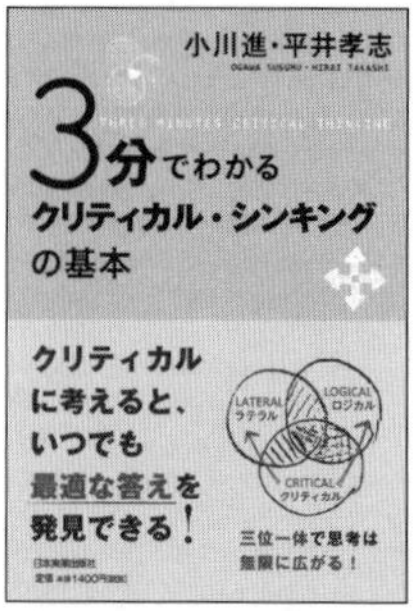

3分でわかる クリティカル・シンキングの基本

小川進・平井孝志
定価 1470円（税込）

ロジカル・シンキングとラテラル・シンキングとともに三位一体で駆使することで、あらゆる可能性を探り、「最適な答え」を導き出せる。そのための「心構え」「コツ」「訓練法」をわかりやすく解説。

定価変更の場合はご了承ください。